はじめての英語スピーチアクト

Introduction to English Speech Acts　Strategies for "Thanking," "Apologizing," "Requesting," and "Inviting"

早稲田大学●准教授
鈴木利彦

南雲堂

はしがき

　みなさん、「スピーチアクト (= speech act[1])」という言葉をご存知でしょうか。言語学（主に「語用論 (= Pragmatics)」）の研究対象の一つで、日本語では「発話行為[2]」と訳されている言葉の使用法です。言語というのは、「情報のやり取り」のために使用されるのはもちろんですが、会話に参加している人たちの「気持ち」や「意図」のやり取りのためにも使われているのです。本書のメイン・テーマである「スピーチアクト（発話行為）」は、「気持ち」や「意図」を表す目的のために使用される言語上の行為のことを指します。「言葉が気持ちや意図を表すためにも使われるなんて、何を当たり前のことを」と思われるかもしれませんが、その当たり前のことを母国語以外で行うというのは、実は簡単なことではありません。例えば、英語を使って相手の「気持ち」や「意図」を十分に理解し、また自分の「気持ち」や「意図」を十分に伝えることは私たち英語ノン・ネイティブにどれだけできるでしょうか？

　もう少し具体的な例を出してみれば、「今週末に自宅で開くパーティーに、アメリカ人の友人を招待したい」時にはどのように言ったらよいのでしょうか。今まで受けた英語教育からとっさに思い浮かびそうなフレーズは、"Please come to my party, which is going to be held this weekend." あたりになりそうです。しかし、アメリカの英語話者はまずそのようには言いません。詳しくは本編でご紹介しますが、特定のスピーチアクトを適切に行うには、「そのスピーチアクトに特有の語彙、文法、定型表現」を用いることが必

---

[1] スピーチアクト理論は、John L. Austin が *How to Do Things with Words*. (1962) で発表し、その後 John Searle が「間接発話行為 (= indirect speech acts)」という観点からこの分野を発展させました。
[2] 「言語行為」という呼称も使用されていますが、本書では「語用論」の分野で一般的に使用されている「発話行為」という日本語名称を使用します。

須なのです。「招待(= Invite)」のスピーチアクトにはそのための語彙、文法、定型表現があり、それは「感謝」や「謝罪」のものとは異なるのです。そして更に、効果的に自分の気持ちを表し、意図を伝えるためには、色々なパーツ、すなわち「言語ストラテジー」を組み合わせてスピーチアクト全体をデザインする必要があります。「招待」のスピーチアクトの代表的なストラテジーの流れをご紹介すると、まずは（1）「相手の都合を尋ねる」ことから始めて、（2）「どのようなイベントがあるかを説明」し、そして実際に（3）「相手を誘う」、というのが基本的な流れです。日本語でも基本的には同じような流れですが、このような言語ストラテジーの流れを意識したことはおありでしょうか。おそらく母国語を使っている時にはこのようなことを意識したことはなく、「当然のこと」として無意識に行っていらっしゃるのではないかと思います。さて、外国語である英語では、それぞれの部分をどのように言ったらよいのでしょうか。また、招待する相手との人間関係も考慮する必要があります。相手が親しい友人の場合と、年上の地位も高い方の場合では、どのように言葉を使い分けたら良いのでしょうか。

　私たちが母国語である日本語を使用している際は、何の苦労もなく「スピーチアクト（発話行為）」を行うことができます。これはある意味で驚くべきことで、「どんな状況か」、「相手が誰か」、「どの程度の話題か」など全ての要因を瞬時に判断して適切な言葉遣いをする能力が私たちには備わっているのです。例えば、相手が友人ならば「今週末のパーティー、来ない？」、また相手が先輩ならば、「今週末のパーティー、いらっしゃいませんか？」と自然に言葉を使い分けることができます。このように状況に応じて語彙や文法、また抑揚などを使い分ける能力は、私たちが幼い頃から「社会的な状況」

はしがき

の中で言語を使いこなしてきた経験から培われてきたものである、という事もできます。

　場面や状況に応じて、様々な要因を考慮に入れて言語を使いこなす能力のことを「語用論的能力 (= pragmatic competence)」と言います。これは、単に「意味を持った言葉を発する」というレベルを超え、人間関係や場の雰囲気（フォーマルさ）などの社会的要因 (social factors) を考慮に入れて語彙、文法、抑揚などを操作し「適切な言葉づかい」をする能力のことです。実は、このような能力は近年重要視されてきていて、文部科学省の「学習指導要領」の中でも「言語の働き」というテーマでスピーチアクトの指導が盛り込まれています[3]。私たちの母国語である日本語では何も考えずに自然にかつ完璧にできても、外国語で、人間関係や場の雰囲気などを考慮に入れて「適切な言葉づかい」をするためには、そのための学習とトレーニングが必要です。私たちは日本語を使って普段の生活を送っている限り、英語で対人関係の構築や維持を含めた「社会経験」を積んでいくことは困難です。英語の授業で学んだ語彙や文法を駆使して（人工的な）英文を作り上げることはできても、「場面や状況に応じて自然かつ適切に聞こえる表現を使う」ということは、そのための学習を積まなければ不可能です。ですので、英語ネイティブ話者が実際にどのように「場面に合わせて自分の気持ちや意図を適切に表現」しているのかを学ばなければなりません。

　このようなニーズを強く認識した結果、英語ネイティブ話者が実際にどのように英語スピーチアクトを遂行するのかを言語学的に解明し、そして得られたデータをデータベース化して英語教育に活用

---

[3] 現行並びに新しい「文部科学省学習指導要領」の中で、「言語使用の場面」と共に「言語の働き」が「取り上げるべきテーマ」とされています。
(http://www.mext.go.jp/a_menu/shotou/youryou/main4_a2.htm の各リンクを参照 [2012年2月])

する目的で、私は2006年から「英語スピーチアクト・コーパス構築プロジェクト」を開始しました。現在（2012年3月）までに2回の科研費（科学研究費補助金）と2回の公的研究資金（早稲田大学特定課題研究助成費）を得て、研究プロジェクトを遂行しています。現在は英語ネイティブ話者のデータのみならず、日本語と日本人英語学習者の英語のデータも研究範囲に含め、また「世界共通言語としての英語」という観点からのスピーチアクト研究を海外の大学と進めています。本書では、それらの研究プロジェクトの中から、2006－2007年にアメリカ・ミズーリ州で160名以上の大学生を対象に集めたデータの分析結果をご紹介します。言語のデータベース（言語資料）のことを「コーパス (= Corpus [単], Corpora [複])」と呼びます。ある程度以上の規模の言語データベースは、多く使われる用法やまれな用法、さらに自然な表現法などについて、貴重な情報を与えてくれます。私自身が、本書関連の研究プロジェクトを開始してから、「英語スピーチアクト」の遂行方法についてどれほど学ぶことができたかわかりません。本書を通じて、私自身が学んできたことを皆さんにもお伝えできれば、と考えています。

　本書では、日常生活でも必要度が高いと思われる4つの基本スピーチアクト、**Thanking**（感謝）、**Apologizing**（謝罪）、**Requesting**（依頼）、**Inviting**（招待）についてご紹介します。英語でこれらのスピーチアクトに込められた話者の「意図」や「気持ち」を理解し、またご自身でも自然な形でこれらを使えるようにしていただければ幸いです。

　本書に出てくる用例は、基本的に私が集めたデータの中からピックアップしたものです。中にはそのままでは教材として不適切なものもありますので、学習のためにふさわしいように書き換えをしてあります。また、必要に応じて、理論的なことを説明するのに必要

な場合には、コーパスデータからではない、私の自作のものも例として記載していることを付け加えておきます。

　最後に、これまで本研究に協力し支えて下さった皆様方に深く感謝の意を表す次第です。特に、Southeast Missouri State University の Dr. Adelaide Heyde Parsons には、データ収集の際に惜しみなくご協力いただき、心から感謝しています。そして、これまで研究助成金の交付をいただいた日本学術振興会 (JSPS) と早稲田大学、本書の出版の実現に向けてご協力・ご尽力いただいた南雲堂の岡崎さんと加藤さん、ご自身とご自宅の写真を提供していただいた Dr. Geoffrey Leech と本書の推薦文を書いて下さった清泉女子大学の大杉正明先生にも、この場をお借りして厚く御礼申し上げます。

　そして、本書を今年（2012 年）4 月に他界した母に捧げたいと思います。

著者

本研究に受給された、または受給中の研究補助金一覧
・2010-2012 年度
　「英語・日本語・中間言語スピーチアクト・コーパスの構築と、その英語教育への応用」
　日本学術振興会科学研究費補助金（基盤研究 (C)）（課題番号：22520410）
・2009 年度
　「成人 (ビジネス) 英語・児童英語・総合英語スピーチアクトコーパスの構築と分析研究」
　早稲田大学特定課題研究 B　（課題番号：2009B-083）
・2008 年度
　「英語スピーチアクトコーパスの構築と分析：会話ストラテジーの研究・教授法開発」
　早稲田大学特定課題研究 A　（課題番号：2008A-840）
・2006-2007 年度
　「英語スピーチアクトコーパスの構築と大学英語教育に於けるその活用」
　日本学術振興会科学研究費補助金（若手研究スタートアップ）（課題番号：18820028）

はじめての英語スピーチアクト
目次

はしがき

まえおき レクチャー　9
　スピーチアクトとポライトネス

　Thanking（感謝）　レクチャー編　17
　Thanking（感謝）　トレーニング編　39
　Thanking　〈コラム〉

　Apologizing（謝罪）　レクチャー編　55
　Apologizing（謝罪）　トレーニング編　75
　Apologizing　〈コラム〉

　Requesting（依頼）　レクチャー編　91
　Requesting（依頼）　トレーニング編　120
　Requesting　〈コラム〉

　Inviting（招待）　レクチャー編　137
　Inviting（招待）　トレーニング編　158
　Inviting　〈コラム〉

総合トレーニング　174

まえおき レクチャー

スピーチアクト と ポライトネス

　本書の根幹をなしているのは、「スピーチアクト」とそれに付随する「ポライトネス」という２つのコンセプトです。本書をより良く理解し使いこなしていただくために、ここでこれら２つの事柄について、少し前置きのレクチャーをしておきたいと思います。何とぞお付き合いの程お願い申し上げます

　「スピーチアクト (= speech acts)」は、「スピーチ（発話）」で「アクト（行為）」を行う事です。などというと「そのまま」ですが、つまり、私たちは言語にある「力 (= force)」を用いて自分たちの意図を実現させることができるのです。実際には、あらゆる言語使用の形態が「スピーチアクト」であるということもできるのですが、「語用論 (= pragmatics) では通常、人間関係や社会的要因が語彙や文構造などに影響を及ぼすことが多いスピーチアクト（Thanking（感謝）、Apologizing（謝罪）、Requesting（依頼）、Inviting（招待）、など）が主な研究対象になっています。どういうことなのか、以下の２つの例を用いてご説明します。

（例１）
　A: Is it raining outside?　（外、雨降ってます？）
　B: No, not yet.　（いや、まだ降ってませんよ。）

　この例では、Aさんは「情報を得る (= obtain information)」という「意図 (= intention)」（または「目標 (= goal)」）を達成するために「情報を求める (= ask for information)」というスピーチアクトを行い、

それに対してBさんは「情報を提供する (= provide information)」というスピーチアクトで応え、Aさんの目標は見事に達成されています。

（例1）は、場面や人間関係を特に考慮しなくとも容易に理解することができます。それは、この例では「情報のやりとり (= information exchange)」が主な目的で、「相手に対する配慮」はそれほど必要ないからです[4]。つまり、語彙や文構造そのものから意味が即座に判断でき、会話が成立するのです。

言語学（語用論）での研究対象は、上に述べた通り、主に文脈や社会的要因が言語の形に影響を及ぼすようなスピーチアクトです。そして、そのようなスピーチアクトには「ポライトネス」の概念が入ってくるのです。そのような例を見てみましょう。

---

[4] 日本語では、単純な「情報のやり取り」でも自分と相手の立場を示す敬語（です・ます等）のある無しで人間関係や相手への配慮が示されます。この点は英語とは異なります。

まえおき レクチャー

（例2）

Elderly gentleman: I'm sorry to bother you, but could you possibly let me know how I could buy a ticket from this ticket-vending machine?

Young woman: No problem, sir. First, select your destination and you will see the fare on the screen. Then ...

老紳士：面倒をおかけして申し訳ありませんが、この自動券売機でどうやって切符を買ったらいいか、教えていただけませんでしょうか。

若い女性：もちろんです。まずは行き先を選ぶと画面上に運賃が出てきます。それから…

　老紳士はどのスピーチアクトを行っているか、お分かりでしょうか？答えは「依頼(= request)」です。依頼の内容は「情報提供」なので、基本的には（例1）と同じ性質のものです。必要最低限の意味が通じるように書き換えれば、"How can I buy a ticket from this ticket-vending machine?" となります。これで事が足りそうなのですが、それではなぜ "I'm sorry to bother you, but could you possibly let me know ...?" などという、とても長い「付属物」がつ

いているのでしょうか。この部分は決して言葉を飾り立てるための余計な部分なのではなく、「社会における対人関係の構築・維持」に於いてとても重要な役割を担っている部分なのです。そして、まさにこの部分があるので「依頼」というスピーチアクトになっています。

まず最初の"I'm sorry to bother you, but"の部分では「謝罪(= apologize)」を行っています。なぜ依頼の際に謝罪が必要なのでしょうか。それは、「自分がお願いしたいことのために相手に負担をかけてしまう、手間暇をかけてもらわなければならない」という意識があるからです。これは日本語でも同じで、私たちもこのような場合によく「すみませんが／すみませんけど」などの表現を使いますので、これは両国語で共通の、「相手に対する配慮」つまり「ポライトネス」を表す言語ストラテジーの一つであると考えることができます。

次に、"could you possibly let me know"の部分ですが、「ポライトネス」に関連する言語アイテムとして *could*、*possibly*、*let* の3語について説明したいと思います。まずは *could* ですが、この語はご存じの通り、can（能力、可能性などを表す）[5] の過去の形です。「依頼」のスピーチアクトでは、この *can* は *Can I / Can you* ～？といった定型表現の一部として、とてもよく使われています。「～してください」と直接的に言うのではなく、「～はできますか／可能ですか」と、相手の能力や可能性を尋ねることによって、相手にしてもらいたいことを間接的に伝えているわけです。さらに、疑問文にすることによって、相手に依頼を受けるかどうかの決定を委ねています。実は

---

[5] このように、主語の状態、意思、感情などを表す意味を持つ助動詞を法助動詞(= modal auxiliary)と言います。

まえおき レクチャー

　この「相手に決定を委ねる」というのが、「ポライトネス」における重要ストラテジーの一つなのです。

　さて、couldの方に話を戻すと、このcouldは単なる「過去形」ではなく「仮定法過去」を表しています。なぜ「仮定法」なのかといえば、「あなただったら〜できますでしょうか」と「仮定上の話」にすることによって「依頼」をより婉曲・間接的なものにできるからです。スピーチアクトの種類によって異なりますが、「依頼」では相手への負担感をより軽減したい、自分の願いをより婉曲・間接的に表現したい、という方向に思慮が向かいます。ですので、直接法よりもより間接性が高い仮定法が使用されるというわけです。

　次に possibly ですが、こちらも可能性について言及する言葉です。場合に応じて訳は様々ですが、「ひょっとしたら」などと訳されます。「依頼」のスピーチアクトで can や could とともによく使われ、可能性の低さを強調することによって、より程度の高い「婉曲さ」を表しています。この「依頼」で can や could とともに使われる possibly は、日本語では通例「何とか（して）、どうにか（して）」のように訳されますが、英語では元もと可能性（の低さ）を表しています。

　最後に let ですが、この語は「使役動詞 (= causative verb)」の一種です。使役動詞の意味は、「…に〜させる／してもらう」ですが、「使役動詞＋目的語＋原形動詞」の形をとるものは、make、have、let の3つです。なぜ let を使うと丁寧になるのかといえば、この語が「…が〜することを許可する」というニュアンスを持っているからです。make は「〜することを強いる」、そして have はこれら2つの中間的な意味を持っています。「許可を与えてもらう」わけですから、let を使うことによって相手を自分よりも一段高い所に置くことができま

す。「ポライトネス」では、「自分を低める」ことと「相手を高める」ことが２大ストラテジーだと、ある学説で主張されています[6]。そのようなわけで、*let* という単語も相手への配慮を示すために使用されていると考えられます。老紳士は、相手が若者ということでもっとぞんざいな言葉を使うという選択もできたかも知れません。しかし、言葉遣いはその人の教養や人格を表しますので、言葉で礼節を示すことは年齢や役職を問わず大切なことです。この老紳士はきっと礼節をわきまえる方なのでしょう。それ故、自分がお願いをする際にこのような言語ストラテジーを使用して、若者に対する気遣いを表現したわけです。

　さて、それに対して若者はどのように答えているでしょうか。まず "No problem, sir"（もちろんいいですとも）と答えています。*No problem*（問題ありません→もちろんいいですよ）は、依頼を受諾する際の定型表現の一つです。間接的な要素など全くない、ある意味とてもそっけなく聞こえる表現ですが、意味内容からすると「あなたの願いを聞くことは自分にとって全く問題ありません」という「全面的な受諾」を表しているわけです。「受諾(=accept)」や「承認(=approve)」といった、「相手のためになるスピーチアクト」では「ポライトネス」は「直接的」、「強調的」、そしてしばしば「簡潔」な方向に向かいます。ですので、相手が自分より目上であっても、*No problem* で構わないわけです。しかしながら、お互いの立場を考えて、*sir*（男性に対する敬称）を使って老紳士に対する敬意を表しています。ご存知かと思いますが、現代の英語には日本語のような「敬語」

---

[6] 私の恩師である Dr Geoffrey Leech（ジェフリー・リーチ = Professor Emeritus, Lancaster University, UK）は、Grand Strategy of Politeness（最高度ポライトネス・ストラテジー）として、次の２つを示しています：(1) place a high value on what pertains to others（相手に属するものには高い価値をおけ）、(2) place a low value on what pertains to oneself（自らに属するものには低い価値をおけ）

まえおき レクチャー

的な語彙はほとんどありません。その中では *sir* や *ma'am*、*Mr.* や *Ms.* など相手への呼びかけの際に使われる敬意を表す語が「敬語」的な表現として存在しています。

次にこの若者は、依頼にこたえるべく "First, select your destination and you will see the fare on the screen. Then ..." と、券売機の使用方法を老紳士に教えています。さて、"select your destination" の部分の文構造に注目してみたいと思います。動詞の原形から始まっているこの部分は、文法的に「命令文(= Command)」と呼ばれる文構造です。ご存知の通りこの形は、一般的に、他人に「命令」をする場合に用いられます。目上の人に向かって、こんな無礼な文型を使ってしまって良いのでしょうか！老紳士は若者の「命令口調」にさぞ激怒するかと思いきや、頷きながら真剣にそれを聞いています。この口調に何も違和感を感じていないようです。実は「指示・助言を与える (= give instructions)」というスピーチアクトでは、この「命令形」が当たり前なのです。なぜかと言えば、このスピーチアクトも「相手のためになるスピーチアクト」なので、「ポライトネス」は「直接的」、「強調的」、「簡潔」な方向に向かいます。特に指示の場合は明瞭さや簡潔さといった「わかりやすさ」が優先されるので、それに一番ふさわしい文構造として「命令文」が多用されるわけです。相手がたとえ目上の人であっても、この原則は変わりません。逆にこのような時に *could you* や *would you mind* などを使用してしまうと（ありえませんが）、それだけ「わかりにくくなってしまう」のです。日本語ならばこのような場合でも「です・ます」を使って敬意を表すことでしょうが、英語にはこのように敬意を表す助動詞などがないので、それ以外の要素を優先させて相手に対する配慮を表す、というわけです。

以上が、英語スピーチアクトとそれに関連したポライトネスに関するミニ・レクチャーです。スピーチアクトごとのポライトネスの方向性、また英語と日本語で共通する・共通しない言語ストラテジーも少し概観してみました。お分かりいただけたでしょうか。それでは、これらを基本的な知識として、実際の英語スピーチアクトの学習に入っていきましょう。

　さあ、次頁から、本格的に「英語スピーチアクト」の学習を開始しましょう。まずは、今までなじみのなかった「英語スピーチアクト」について、レクチャー形式でご紹介していきます。「スピーチアクト」とは何か、どのように実行すればよいのか、そして実行する際に必要な「ポライトネス」はどのように組み込んでいけばいいのか、ここでしっかり学んでいきましょう。

　そして、『レクチャー編』で学んだことをその次の『トレーニング編』で付属のCDを活用しながら練習して下さい。4つの英語スピーチアクトのレクチャーとトレーニングを受けて、最後に『総合トレーニング』までやり遂げれば、きっとこれら4つのスピーチアクトを完璧に理解し、使いこなせる「英語スピーチアクトの達人」になっていることでしょう。

And now, it's time for you to get to work and to master the four English speech acts.

Thanking（感謝）

Thanking（感謝） レクチャー編

　Thank（感謝）は、相手に感謝の気持ちを表すスピーチアクトです。謝意を表すキーワードは、日本語では「ありがとう」ですが、英語のキーワードはもちろん"Thank"です。まずは、"Thank you"と"Thanks"の二つのパターンがあることを理解しておきましょう。

Stage 1（基本表現を学びましょう）

[初級レベル／Basic level]

◇ 基本表現

　　Thank you.

　　Thanks.

◇ ＋強めの言葉

　　Thank you very much.

　　Thank you so much.

　　Thanks a lot.

　　Thanks so much.

◇ ＋呼びかけ

　　John, thanks a lot.

　　Thank you so much, Mr. Johnson.

Thank you so much, Mr. Johnson.

Thanking（感謝） レクチャー編

　"Thank you" を強める場合は、*very much* か *so much* ですが、"Thanks" の場合は *a lot* か *so much* で強めます。「相手のために行う」スピーチアクトでは、「強調」が「ポライトネス」に繋がります。それゆえ、これら強調のための語彙ストラテジーが頻繁に使われているというわけです。

　そしてアメリカ英語では、ほとんどのスピーチアクトに通じることですが、相手への呼びかけ (= address term) が多用されます。呼びかけ表現を使うと、相手との心的距離を縮めることができます。「相手との距離を縮める」というのは、主にアメリカ英語に見受けられる「ポジティブ・ポライトネス」と呼ばれる「ポライトネス・ストラテジー」[7] の一つです。「相手への配慮」は何も「敬意表現」だけではありません。「相手への親しみ」を示すことも、大切なポライトネスの要素の一つです。相手への呼びかけは、文の最初でも、途中でも、最後でも構いません。相手と一定以上親しくなったら、なるべくこの呼びかけを織り込むようにしましょう。英語圏(特にアメリカ)で良い対人関係を作るための大切な方策の一つです。

---

[7] Brown & Levinson (1987)は、相手の「肯定的に認められたい願望」を尊重するためのポライトネスを「ポジティブ・ポライトネス (= Positive Politeness)」、相手の「自分の領域を守りたい願望」を尊重するためのポライトネスを「ネガティブ・ポライトネス (= Negative Politeness)」と定義しています。

Thanking (感謝)

Stage 2（基本表現＋基本ストラテジーを学びましょう）

[中級レベル／Intermediate level]

◇ ＋理由

1) **Thank you so much <u>for the nice gift you gave me</u>.**
（あなたがくれたすてきな贈り物、本当にありがとう。）

2) **Thank you <u>for helping me with my math</u>, Mrs. Gibbons.**
（ギボンズ先生、数学で手助けして下さり、ありがとうございました。）

◇ 謝意の別表現

I really appreciate it. （心から感謝しています。）

◇ ＋理由と謝意の別表現

Thank you for helping me with my math, Mrs. Gibbons. I really appreciate it.
（ギボンズ先生、数学で手助けして下さり、ありがとうございました。心から感謝しています。）

Thank you for helping me with my Math, Mrs. Gibbons. I really appreciate it.

　さて、基本表現をマスターしたら、少しずつストラテジーを加えて、謝意の表現方法に磨きをかけていきましょう。「中級レベル」では、主要ストラテジーとして３点をご紹介します。

　まずは、「理由（感謝の対象）を述べる」です。お礼を言うのですから、何に対して感謝しているかを説明するのは当然のことです。最初の

例文は贈り物に対して相手に謝意を表し、2番目の例文では、「数学(の問題を解くの)を手伝ってくれてありがとうございます」と先生にお礼を言っています。理由を表すためには、for を使用します。for は前置詞(= preposition)ですので、その後には名詞句、動名詞句、名詞節などの「名詞の働きをする語句」が来ます。最初の例では the *gift* ... が、2番目の例では *helping* ... がそれらにあたります。

次に「謝意の別表現」ですが、これは「本当にありがとう」といったニュアンスで使われます。よく使用されるのが、*I really appreciate it.* で、「心から感謝しています」といった感じです。*Thank you* ... と組み合わせれば、丁寧な表現として使用することができます。単に *I appreciate it* ではなく、*I **really** appreciate it* です。ここでも強調のための語彙ストラテジーが用いられています。

Stage 3 (様々なストラテジーと組み合わせ方を学びましょう)
[上級レベル／Advanced level]
(A) 〜色々なストラテジー〜

　さあ、今までの基本的表現と基本サブ・ストラテジーを学んだら、次は様々なサブ・ストラテジーを組み合わせて自由自在にこのスピーチアクトを使用できるようにしていきましょう。次ページのストラテジー・リストは、私が 2006 – 2007 年にアメリカ・ミズーリ州で大学生 160 名以上を対象に集めたスピーチアクト・データを分析した結果得られたものです。

Thanking (感謝)

Strategy	Freq.	%
1. Positive evaluation of Hearer's help 相手の援助に対する肯定的な評価	52	17.2%
2. IFID[8] 1 Thank you の使用	48	15.9%
3. IFID 1 + reason Thank you の使用＋理由	47	15.6%
4. IFID 2 + reason Thanks の使用＋理由	44	14.6%
5. IFID 2 Thanks の使用	30	9.9%
6. Appreciation 謝意の別表現	25	8.3%
7. Promise of return/repayment 返却／返金の誓い	14	4.6%
8. Speaker's trouble without Hearer's help 相手の援助がなかった場合のトラブル	12	4.0%
9. Praise of Hearer 相手への賞賛	11	3.6%
10. Evaluation of Hearer's extra effort 相手の特別な努力に対する評価	9	3.0%
11. Offer of Speaker's future help 相手への将来の援助の提供	6	2.0%

（5回以上使用されたものから実用的なものを抽出）

---

[8] IFID = Illocutionary Force Indicating Device（発語内行為表示装置）は、どのスピーチアクトを行っているかを直接明示的に表す語のことです。たとえば、I promise の promise（スピーチアクト＝ Promising）がそれに当たります。別名を performative verb（遂行動詞）と言います。

Thanking（感謝）　レクチャー編

　ストラテジー・リストを見ると、"Thank you" や "Thanks"、「理由（感謝の対象）」、「謝意の別表現」以外で多いのは、[1]「相手の援助に対する肯定的な評価」であることがわかります。具体例として、以下の5例をあげてみます。

[1]「相手の援助に対する肯定的な評価」

　1) It's the best gift I've ever received.
　　　（今までもらった中で一番の贈り物です。）
　2) I love it. （すごく気に入りました。）
　3) I liked the presents very much.
　　　（それらのプレゼント、とても気に入りました。）
　4) That motivated us to do well in school, and so now I'm going to college.
　　　（そのことが私たちに学校でやる気を与えてくれて、今では私は大学にいく予定です。）
　5) It is really nice of you to come and help me like this.
　　　（こんな風に助けに来てくれて、本当に親切ですね。）

It's the best gift I've ever received.

Thanking（感謝）

　相手が自分のために何かをしてくれたわけですから、そのことを肯定的に評価するのは当然のことです。相手に対する「ほめ」(Compliment) をご褒美にしているとも考えられます。

　[9]「相手への賞賛」も、そのような「ほめ」の一環であると考えることができます。（こちらは、主語が大体 You になっています。）

[9]「相手への賞賛」
1) You're a lifesaver! （あなたは命の恩人です。）
2) You guys did a great job!
　　（あなたたちは素晴らしい仕事をしましたね。）
3) You are the best mom ever. （お母さん、本当に最高。）

You're a lifesaver!

　ちなみに、「賞賛(= Compliment)」のスピーチアクトは、良い意味を持った形容詞 (best, nice など) や良い意味を持った動詞 (like, love など) が頻出です。語彙の持つポジティブ、またはネガティブな意味を意識することもスピーチアクト遂行のためには必要です。

Thanking（感謝） レクチャー編

　その他の主要サブストラテジーも見ていきましょう。まずは [7]「返却／返金の誓い」です。

[7]「返却／返金の誓い」

　1) I'll return it to you later this afternoon when classes are over.
　　（今日の午後、授業が終わったらそれ返すからね。）
　2) I'll pay you back tomorrow. （明日お金を返すよ。）
　3) I'll be sure to return the necklace to you when I get back.
　　（あとで戻ってきたら、必ずネックレス返すからね。）
　4) I'll wash it and bring it back to you.
　　（それは洗ってから返しますね。）

I'll pay you back tomorrow.

　これらの例文に共通しているのは、I'll ／ I will で始まる冒頭部分です。これは、単純に未来の予定を表しているというよりは、「〜するつもり」という話者の意志を表しています。
　次は、[8]「相手の援助がなかった場合のトラブル」です。こちらではやや複雑な文構造が出てきます。

Thanking (感謝)

[8]「相手の援助がなかった場合のトラブル」

1) I couldn't have completed it without you.

   (あなたなしでは完成できなかったことでしょう。)

2) I would probably have gotten them all wrong if you hadn't helped me.

   (もしもあなたが手伝ってくれなかったら、たぶん答えを全て間違っていたことでしょう。)

3) Without that extra time, I don't know what I would have done.

   (あの期限の延長がなかったら、自分が何をしていたか想像もつきません。)

I couldn't have completed it without you.

　お分かりのように、「仮定法過去完了」が、「あなたの援助がなかったら、〜できなかったことでしょう」というニュアンスで使用されています。高校英文法のおさらいになりますが、主節の動詞句の基本パターンは、

　　[過去形の助動詞] + [have] + [動詞の過去分詞形]

です。このように少し手ごわい文法事項ですが、話者の気持ちを表

Thanking（感謝）レクチャー編

すために会話では頻出です。「意図や気持ちを表す法助動詞 (= *can, may, will, could, might, should, would* など) の使い方と共に、ぜひマスターしていただきたいと思います。

次に [10]「相手の特別な努力に対する評価」です。相手の親切な心遣いに対して使われます。「（わざわざ）そのようなことを私のためにする必要はなかったのに（してくれたのですね）」というニュアンスです。

[10]「相手の特別な努力に対する評価」

1) You didn't have to do that.　（それをする必要はなかったのに。）

2) You didn't have to get me anything.
（私に何かくれる義務はなかったのに。）

3) You really didn't have to pay for everything.
（本当に、全部払ってくれる必要はなかったのに。）

4) How did you know that this is exactly what I wanted?
（これこそが私が欲しかったものだったって、どうしてわかったの？）

5) I can't believe you remembered that I wanted it.
（私がそれを欲しがっていたことを憶えていたなんて、信じられない。）

You really didn't have to pay for everything.

上記の1)–3)に共通するのは、"You didn't have to ..." の部分です。直訳すれば、「あなたは～しなくてもよかった」ですが、「～する義務はなかったのに（してくれた）」といった意味でつかわれています。

Thanking（感謝）

日本語でも、感謝する時に相手の特別な努力や配慮に言及するのはよくあることなので、英語でもそれを表現できるようにしておきましょう。

最後に、[11]「相手への将来の援助の提供」をみてみましょう。

[11]「相手への将来の援助の提供」

1) Next time, I can give you a ride.
    （次回は私が乗せていってあげます。）
2) I will help you when you have a problem.
    （君になにか問題が起きた時は私が助けてあげます。）
3) If you ever need help with something, just ask.
    （もし何かで助けが必要になったら、（遠慮なく）言ってね。）

Next time, I can give you a ride.

「今回はあなたが助けてくれたから、次は私があなたを助ける番です。」という話者の意図が読み取れます。このような言葉を添えれば、相手も「また助けてあげたい」という気になってくれることでしょう。対人関係の構築、維持、発展のためには、色々な気遣いや配慮を言葉で示すことが必要であることが、このストラテジーからもみてとれます。

Thanking（感謝） レクチャー編

(B) ～色々な場面でのストラテジーの組み合わせ～

さて、Thankingの学習も大分深いところまで来ました。今までご紹介したストラテジーの数々は、どのような場面で、どのような組み合わせで使われるのでしょうか。次はこのテーマを追ってみましょう。

使用された場面	（5回以上出てきたもの）
1. Gift 贈り物をもらった時	37
2. Borrowing (something) 何かを貸してもらった時	15
3. Kindness 親切にしてもらった時	12
4. Gift (money) お金をもらった時	9
5. Treat 食事をおごってもらった時	9
6. Help with assignment 宿題を手伝ってもらった時	8
7. Borrowing (money) お金を貸してもらった時	8
8. Giving a ride 車で送ってもらった時	7
9. Cooking 食事を作ってもらった時	6
10. Service/Work for S 自分のために何かをしてもらった時	6

Thanking（感謝）

11. Offer from teacher (extension/makeup exam)
    先生から特別措置をもらった時（課題提出期限、追試）　　　　　5

　これらの場面は、アメリカの大学生にとってよく感謝を表す場面ということです。それで、「宿題を手伝ってもらった時」や「先生から特別措置をもらった時」などが上位に入っているわけです。

　では、実際の場面と会話ストラテジーの組み合わせをいくつかご紹介しましょう。

1. Thank you の使用 ＋ 理由 ＋ 謝意の別表現　　　MP3 10

Situation（場面）	Utterances（発言）	Strategy（ストラテジー）
Thanking Katie for letting me borrow her cell phone. （携帯電話を貸してくれたケイティに感謝する場面）	Thank you so much for letting me borrow your cell phone. （携帯電話を貸してくれて、どうもありがとう）	Thank you の使用＋理由
	I really appreciate it. （本当に感謝しています）	謝意の別表現

Thanking（感謝） レクチャー編

　こちらの表現では、このスピーチアクトで頻出のパターンの *for letting me borrow* が使用されています。日本語で言うと「貸してくれて」ですが、*lending me* ではなくこちらがよく使われているというのは英語で自然に感じられるだと思われます。このような表現も頭に入れておきたいところです。

2. 呼びかけ ＋ Thanks の使用＋理由 ＋ 相手の援助に対する肯定的な評価

Situation（場面）	Utterances（発言）	Strategy（ストラテジー）
For graduation, I received $100 from my grandparents, so I had to thank them politely. （卒業式のお祝いに祖父母から100ドルもらったので、丁寧に感謝する場面）	**Grandpa and Grandma,** （おじいちゃん、おばあちゃん）	呼びかけ
	thanks so much for the graduation money. （卒業式祝いのお金、どうもありがとう）	Thanks の使用＋理由
	It was the nicest gift I have ever received. （今までもらった中で最高の贈り物だよ）	相手の援助に対する肯定的な評価

　ここでは、少し多い金額をもらったということで、丁寧に感謝の気持ちを伝えようという姿勢が見受けられます。相手が祖父母ということで、*thanks* の代わりに *thank you* を使った方が良いようにも思えますが、そこは「親しく距離が近い相手」ということで、*thanks* を使用していると考えられます。強めの言葉も基本の *a lot* ではなく *so much* であることも、丁寧に感謝の気持ちを伝えてようとする姿勢の一環といえるでしょう。

Thanking（感謝）

3. 呼びかけ ＋ Thank you の使用 ＋ 返却／返金の誓い

Situation（場面）	Utterances（発言）	Strategy（ストラテジー）
My mom let me borrow the car. （車を貸してくれた母に感謝する場面）	Thank you so much, （どうもありがとう）	Thank you の使用
	Mom! （おかあさん）	呼びかけ
	I'll have it back in an hour! （1時間で返すからね）	返却／返金の誓い

　こちらはシンプルな例ですが、基本表現に呼びかけと一言添える（この場合は「返却の誓い」）と英語で自然ななることがわかる好例です。このようなストラテジーの組み合わせ方を実際に使用できるようにしておきましょう。

Thanking（感謝） レクチャー編

(C) 会話の中での Thanking

次は、会話の中でどのような場面でどのように Thanking が実行されるか、また、それに対してどのように受け答えがなされるかを、私の「スピーチアクト・コーパス」のデータからご紹介しましょう。

1. プレゼントへの感謝

1-a「叔母さんからの誕生プレゼントへの感謝」

I: Thank you for my birthday gift. I really appreciate it.

Aunt: You're welcome! I hope you enjoy it!

私： 私へのプレゼント、ありがとう。本当にうれしいです。

叔母：どういたしまして。楽しんで使ってね。

叔母さんの誕生日プレゼントへの感謝に対して私は定番の "You're welcome" を使用して応じています。基本表現として、しっかりと憶えておきたい表現です。

Thanking(感謝)

1-b「友人からの誕生プレゼントへの感謝」

I: Hi. What's up?

Friend: Nothing much. I just got you a present for your birthday.

I: You didn't have to do that, but thank you. I really appreciate it.

Friend: Well, open it.

I: Oh, what a beautiful necklace! I love it. It'll look great with my new dress. Thanks so much.

私： あら、どうしたの？
友人： なんでも。君に誕生プレゼントを持ってきただけだよ。
私： そんな必要なかったのに。でも、ありがとう。とてもうれしいわ。
友人： まあ、開けてみてよ。
私： わあ、素敵なネックレス。最高。私の新しいドレスにとても似合いそう。本当にありがとう。

　ここでは、友人 は 私 の感謝に対しては直接答えずに、"Well, open it"とさりげなく受け流しています。プレゼントの内容にもっと喜んでほしかったということなのでしょうか。実際に 私 はプレゼントのネックレスをみてさらに感激しています。実際の会話ではこの後に 友人 は "You're welcome" "No problem" "My pleasure" などの表現を用いて 私 の謝意に応じることでしょう。

Thanking（感謝）　レクチャー編

2. 物を貸してくれたことに対する感謝

2-a「友人が電卓を貸してくれたことへの感謝」

I:　Thanks so much for lending me your calculator, Beth. I couldn't have solved the problem without it.

Beth: No problem. Just let me know if you need it again, okay?

私：　ベス、電卓貸してくれてありがとう。あれがなかったら問題解けなかったわ。

ベス：どういたしまして。また必要だったら言ってちょうだいね。

　ここでは ベス は、別の頻出の応答表現である"No problem"を使用しています。次の発言では、さらなる協力の姿勢を示しています。相手が依頼しやすくするために、*Just*（ただ〜だけ）を添えています。この *just* は、相手を励ましたり何かを頼みやすくしたりするためによく使われる表現です。この *just* の使い方もぜひ憶えておいて下さい。

2-b「友人がお金を貸してくれたことへの感謝」

I:　Hey Aaron, thanks again for lending me the money.

Aaron:　Don't worry about it. It's not a big deal.

I:　Well, here it is. You're a real friend.

私：　アーロン、お金を貸してくれて重ね重ねありがとう。

アーロン：気にしないでいいよ。大したことじゃないよ。

私：　さあ、返すよ。君は本当の友達だね。

Thanking（感謝）

　ここでは アーロン は "It's not a big deal"（大したことじゃないよ）を用いて謝意に応じています。意味的には "No problem" に非常に近い表現ですが、ちょっとした応用編として使えるようにしておきましょう。

3. 何か自分のためにしてくれたことへの感謝

3-a「友人が動物園にいっしょにいってくれたことへの感謝」

I: Hey, John. I wanted to thank you for going to the zoo with me today.

John: Oh, no problem. It was my pleasure. I had a lot of fun. Thanks for inviting me.

私： ジョン、今日一緒に動物園に行ってくれてありがとうって言いたいと思っていたんだ。

ジョン： どういたしまして。こちらこそ。僕の方こそ楽しかった。誘ってくれてありがとう。

　この会話では、ジョン は感謝に対して感謝で応じています。その前にも、"no problem" と "my pleasure" を重ねて使用しています。このように応答表現を重ねて使うことも、相手への気遣いを示すうえで有効です。

Thanking（感謝） レクチャー編

3-b「見知らぬ人がペットを見つけてくれたことへの感謝」

I: Oh, you found my dog! Thank you so much!

Someone: It's no problem, ma'am.

I: Thanks again. I was so worried.

Someone: You're quite welcome.

私：ああ、私の愛犬を見つけてくれたのね。本当にありがとうございます。
見つけてくれた人：お安いご用です、奥さん。
私：ありがとう、本当に心配だったの。
見つけてくれた人：どういたしまして。

　この会話では、私 の感謝が2回続いているので、見つけてくれた人は "no problem" と "you're welcome" の2つの表現で応じています。このような場合もあるので、いざという時に使えるようにいくつかの応答表現を憶えておきたいところです。

3-c「友人が車で迎えに来てくれたことへの感謝」

Friend: Hey! How was your flight?

I: Pretty good. A little bumpy. Thanks for picking me up. I really appreciate it.

Friend: No problem.

友人：やあ、空の旅はどうだった？
私：　なかなか良かったよ。ちょっと揺れたけどね。迎えに来てくれてありがとう。感謝してるよ。
友人：どういたしまして。

Thanking（感謝）

(D) 〜コロケーション（語句の組み合わせ）〜

　最後は言語学的な研究です。このスピーチアクトではどのような単語同士が組み合わされるのでしょうか。たとえば、前置詞の *for* は、本書で使用している研究データでは *you* の次に多く使用されている単語です。この単語の使われ方を、コーパス分析ツール"Wordsmith[9]"を使って調べてみると、以下のパターンが多いことがわかります。

[FOR]

Thanks Thank you Thank you so much	FOR	letting helping	me	borrow

参考：Wordsmith による言語使用パターン分析結果 (for)

N	L4	L3	L2	L1	Centre	R1	R2	R3
1	THANK	YOU	THANK	THANKS	FOR	THE	ME	YOU
2	SO	THANKS	SO	YOU		LETTING	THE	I
3	I	IT	THANKS	MUCH		ME		THANK
4	IT	MUCH	IT			HELPING		BORROW

　このような単語レベルでのコーパス分析結果からも、「自然な英語表現」へのヒントを得ることができるのです。

　もう一つ、このスピーチアクトで頻出の副詞 *really* の出現パター

---

[9] Mike Scott 氏によって開発された、コーパス分析ソフトウェア。このソフトを使用して、主に次の 3 点を調べることができます。1) Concordance（コンコーダンス＝一致）：検索したい単語の文中における使用例。2) Wordlist（単語リスト）：調査対象のデータ中の出現頻度順の単語のリスト。3) Keywords（キーワード・リスト）：基本的なコーパスデータと比較して、調査対象のデータ中で特徴的に使用されている単語のリスト。
（参考：http://www.lexically.net/wordsmith/step_by_step_Japanese/index.html）

ンを見てみましょう。

[REALLY]

I	REALLY	appreciate it
It was		good

参考：Wordsmith による言語使用パターン分析結果 (really)

N	L2	L1	Centre	R1	R2
1	IT	I	REALLY	APPRECIATE	IT
2		WAS		GOOD	

　I really appreciate it は、謝意の別表現として紹介済みです。この分析結果からも、これが Thanking のスピーチアクトで頻出の定型表現であることが浮かび上がってきています。*It was really good* は、「本当においしかった」という意味で、「相手の援助に対する肯定的な評価)」の一つです。やはり、「本当に (= really)」感謝したい場合には「本当に (= really)」という言葉を必然的に使用して強調するる、ということだと考えられます。

Thanking（感謝）　トレーニング編

「レクチャー編」の学習、ご苦労様でした。さあ、ここまで学んだ表現を、この「トレーニング編」で実際に使えるようにしていきましょう。目指せ、「英語スピーチアクトの達人」！

Stage 1（基本表現をマスターしましょう）

[A] CDと一緒に発音してみましょう。

1) 基本表現
    a) Thank you.
    b) Thanks.

2) ＋強めの言葉
    a) Thank you very much.
    b) Thank you so much.
    c) Thanks a lot.
    d) Thanks so much.

3) ＋呼びかけ
    a) John, thanks a lot.
    b) Thank you so much, Mr. Johnson.

Thanking（感謝） トレーニング編

[B] 日本語の意味に対応するように、英語で言ってみましょう。その後で CD を聞きながら繰り返しましょう。

1) ありがとう（ございます）。 （2種類）
2) 本当にありがとう（ございます）。 （4種類）
3) ジョンソン先生、本当にありがとうございます。 （1種類）

（答え）

1) a) Thank you.
   b) Thanks.

2) a) Thank you very much.
   b) Thank you so much.
   c) Thanks a lot.
   d) Thanks so much.

3) Thank you so much, Mr. Johnson.

Stage 2（基本表現＋基本ストラテジーをマスターしましょう）

[A] CD と一緒に発音してみましょう。

1)
   a) Thank you so much for the nice gift you gave me.
   b) Thank you for helping me with my math, Mrs. Gibbons.

2) 謝意の別表現

   I really appreciate it.

3) ＋理由と謝意の別表現

   Thank you for helping me with my math, Mrs. Gibbons. I really appreciate it.

Thanking（感謝）

[B] 日本語の意味に対応するように、英語で言ってみましょう。その後で CD を聞きながら繰り返しましょう。

1) ＋理由
   a) あなたがくれたすてきな贈り物、本当にありがとう。
   b) ギボンズ先生、数学で手助けして下さり、ありがとうございました。

2) 謝意の別表現：心から感謝しています。

3) ＋理由と謝意の別表現：
   ギボンズ先生、数学で手助けして下さり、ありがとうございました。心から感謝しています。

（答え）

1) a) Thank you so much for the nice gift you gave me.
   b) Thank you for helping me with my math, Mrs. Gibbons.

2) I really appreciate it.

3) Thank you for helping me with my math, Mrs. Gibbons. I really appreciate it.

Thanking（感謝） トレーニング編

Stage 3（様々なストラテジーと組み合わせ方をマスターしましょう）

(A) 〜色々なストラテジー〜

1．「相手の援助に対する肯定的な評価」

[A] CD と一緒に発音してみましょう。

1) It's the best gift I've ever received.
2) I love it.
3) I liked the presents very much.
4) That motivated us to do well in school, and so now I'm going to college.
5) It is really nice of you to come and help me like this.

[B] 日本語の意味に対応するように、英語で言ってみましょう。その後で CD を聞きながら繰り返しましょう。

1) すごく気に入りました。
2) それらのプレゼント、とても気に入りました。
3) 今までもらった中で一番の贈り物です。
4) こんな風に助けに来てくれて、本当に親切ですね。
5) そのことが私たちに学校でやる気を与えてくれて、今では私は大学にいく予定です。

（答え）

1) I love it.
2) I liked the presents very much.
3) It's the best gift I've ever received.
4) It is really nice of you to come and help me like this.
5) That motivated us to do well in school, and so now I'm going to college.

Thanking（感謝）

2．「相手への賞賛」

[A] CDと一緒に発音してみましょう。　MP3 26

1) You're a lifesaver!
2) You guys did a great job!
3) You are the best mom ever.

[B] 日本語の意味に対応するように、英語で言ってみましょう。その後でCDを聞きながら繰り返しましょう。

1) お母さん、本当に最高。
2) あなたは命の恩人です。
3) あなたたちは素晴らしい仕事をしましたね。

(答え)　MP3 27

1) You are the best mom ever.
2) You're a lifesaver!
3) You guys did a great job!

3．「返却／返金の誓い」

[A] CDと一緒に発音してみましょう。　MP3 28

1) I'll return it to you later this afternoon when classes are over.
2) I'll pay you back tomorrow.
3) I'll be sure to return the necklace to you when I get back.
4) I'll wash it and bring it back to you.

Thanking（感謝） トレーニング編

[B] 日本語の意味に対応するように、英語で言ってみましょう。その後でCDを聞きながら繰り返しましょう。

　1) 明日お金を返すよ。

　2) それは洗ってから返しますね。

　3) あとで戻ってきたら、必ずネックレス返すからね。

　4) 今日の午後、授業が終わったらそれ返すからね。

（答え）

1) I'll pay you back tomorrow.

2) I'll wash it and bring it back to you.

3) I'll be sure to return the necklace to you when I get back.

4) I'll return it to you later this afternoon when classes are over.

4．「相手の援助がなかった場合のトラブル」

[A] CDと一緒に発音してみましょう。

1) I couldn't have completed it without you.

2) I would probably have gotten them all wrong if you hadn't helped me.

3) Without that extra time, I don't know what I would have done.

[B] 日本語の意味に対応するように、英語で言ってみましょう。その後でCDを聞きながら繰り返しましょう。

　1) あなたなしでは完成できなかったことでしょう。

　2) あの期限の延長がなかったら、自分が何をしていたか想像もつきません。（Hint: withoutを使って）

Thanking（感謝）

　3）もしもあなたが手伝ってくれなかったら、たぶん答えを全て間違っていたことでしょう。

（答え）

1) I couldn't have completed it without you.
2) Without that extra time, I don't know what I would have done.
3) I would probably have gotten them all wrong if you hadn't helped me.

5.「相手の特別な努力に対する評価」

[A] CDと一緒に発音してみましょう。

1) You didn't have to do that.
2) You didn't have to get me anything.
3) You really didn't have to pay for everything.
4) How did you know that this is exactly what I wanted?
5) I can't believe you remembered that I wanted it.

[B] 日本語の意味に対応するように、英語で言ってみましょう。その後でCDを聞きながら繰り返しましょう。

　1) それをする必要はなかったのに。
　2) 私に何かくれる義務はなかったのに。
　3) 本当に、全部払ってくれる必要はなかったのに。
　4) 私がそれを欲しがっていたことを憶えていたなんて、信じられない。
　5) これこそが私が欲しかったものだったって、どうしてわかったの？

Thanking（感謝） トレーニング編

（答え）

1) You didn't have to do that.
2) You didn't have to get me anything.
3) You really didn't have to pay for everything.
4) I can't believe you remembered that I wanted it.
5) How did you know that this is exactly what I wanted?

6.「相手への将来の援助の提供」

[A] CDと一緒に発音してみましょう。

1) Next time, I can give you a ride.
2) I will help you when you have a problem.
3) If you ever need help with something, just ask.

[B] 日本語の意味に対応するように、英語で言ってみましょう。その後でCDを聞きながら繰り返しましょう。

1) 次回は私が乗せていってあげます。（Hint: canを使って）
2) もし何かで助けが必要になったら、（遠慮なく）言ってね。
3) 君になにか問題が起きた時は私が助けてあげます。
   （Hint: willを使って）

（答え）

1) Next time, I can give you a ride.
2) If you ever need help with something, just ask.
3) I will help you when you have a problem.

Thanking（感謝）

(B) ～色々な場面でのストラテジーの組み合わせ～

※今度は、Utterances（発言）の日本語の部分を英語で言ってみてください。その後でCDを聞き、答えを確認すると共に、後に続いて繰り返して練習してください。

1. Thank you の使用 ＋ 理由 ＋ 謝意の別表現

Situation（場面）	Utterances（発言）	Strategy（ストラテジー）
携帯電話を貸してくれたケイティに感謝する場面	(A) 携帯電話を貸してくれて、どうもありがとう	Thank you の使用＋理由
	(B) 本当に感謝しています	謝意の別表現

（答え） MP3 36

(A) Thank you so much for letting me borrow your cell phone.

(B) I really appreciate it.

2. 呼びかけ ＋ Thanks の使用＋理由 ＋ 相手の援助に対する肯定的な評価

Situation（場面）	Utterances（発言）	Strategy（ストラテジー）
卒業式のお祝いに祖父母から100ドルもらったので、丁寧に感謝する場面	(A) おじいちゃん、おばあちゃん	呼びかけ
	(B) 卒業式祝いのお金、どうもありがとう	Thanks の使用＋理由
	(C) 今までもらった中で最高の贈り物だよ	相手の援助に対する肯定的な評価

（答え） MP3 37

(A) Grandpa and Grandma,

(B) thanks so much for the graduation money.

(C) It was the nicest gift I have ever received.

Thanking（感謝） トレーニング編

3. 呼びかけ ＋ Thank you の使用 ＋ 返却／返金の誓い

Situation（場面）	Utterances（発言）	Strategy（ストラテジー）
車を貸してくれた母に感謝する場面	(A) どうもありがとう、おかあさん	Thank you の使用＋呼びかけ
	(B) それを1時間で返すからね	返却／返金の誓い

（答え）

(A) Thank you so much, Mom!

(B) I'll have it back in an hour!

Thanking（感謝）

(C) 会話の中での Thanking

※それでは、Thanking（感謝）の仕上げに、会話でやり取りできる実力を磨きましょう。まず[1]は、I（私）になって、ストラテジーを組み合わせて相手に感謝をしてください。その次に[2]で相手の役になって、感謝に対して受け答えをしてください。

1. プレゼントへの感謝

1-a「叔母さんからの誕生プレゼントへの感謝」

私：　私へのプレゼント、ありがとう。本当にうれしいです。
叔母：　どういたしまして。楽しんで使ってね。

〔1〕 MP3 39　〔2〕 MP3 40

I:　Thank you for my birthday gift. I really appreciate it.
Aunt:　You're welcome! I hope you enjoy it.

1-b「友人からの誕生プレゼントへの感謝」

私：　あら、どうしたの？
友人：　なんでも。君に誕生プレゼントを持ってきただけだよ。
私：　そんな必要なかったのに。でも、ありがとう。とてもうれしいわ。
友人：　まあ、開けてみてよ。
私：　わあ、素敵なネックレス。最高。私の新しいドレスにとても似合いそう。本当にありがとう。

Thanking (感謝) トレーニング編

〔1〕 MP3 41 〔2〕 MP3 42

I: Hi. What's up?

Friend: Nothing much I just got you a present for your birthday.

I: You didn't have to do that, but thank you. I really appreciate it.

Friend: Well, open it.

I: Oh, what a beautiful necklace! I love it. It'll look great with my new dress. Thanks so much.

2. 物を貸してくれたことに対する感謝

2-a「友人が電卓を貸してくれたことへの感謝」

私：ベス、電卓貸してくれてありがとう。あれがなかったら問題解けなかったわ。

ベス：どういたしまして。また必要だったら言ってちょうだいね。

〔1〕 MP3 43 〔2〕 MP3 44

I: Thanks so much for lending me your calculator, Beth. I couldn't have solved the problem without it.

Beth: No problem. Just let me know if you need it again, okay?

Thanking（感謝）

2-b「友人がお金を貸してくれたことへの感謝」

私： アーロン、お金を貸してくれて重ね重ねありがとう。

アーロン： 大したことじゃないよ。

私： さあ、返すよ。君は本当の友達だね。

〔1〕MP3 45　〔2〕MP3 46

I: Hey Aaron, thanks again for lending me the money.

Aaron: Don't worry about it. It's not a big deal.

I: Well, here it is. You're a real friend.

3. 何か自分のためにしてくれたことへの感謝

3-a「友人が動物園にいっしょにいってくれたことへの感謝」

私： ジョン、今日一緒に動物園に行ってくれてありがとうって言いたいと思っていたんだ。

ジョン： どういたしまして。こちらこそ。僕の方こそ楽しかった。誘ってくれてありがとう。

〔1〕MP3 47　〔2〕MP3 48

I: Hey, John. I wanted to thank you for going to the zoo with me today.

John: Oh, no problem. It was my pleasure. I had a lot of fun. Thanks for inviting me.

Thanking（感謝） トレーニング編

<u>3-b「見知らぬ人がペットを見つけてくれたことへの感謝」</u>

私：ああ、私の愛犬を見つけてくれたのね。本当にありがとうございます。

見つけてくれた人： お安いご用です、奥さん。

私：ありがとう、本当に心配だったの。

見つけてくれた人： どういたしまして。

〔1〕MP3 49 〔2〕MP3 50

I: Oh, you found my dog! Thank you so much!
Someone: It's no problem, ma'am.
I: Thanks again. I was so worried.
Someone: You're quite welcome.

<u>3-c「友人が車で迎えに来てくれたことへの感謝」</u>

友人：やあ、空の旅はどうだった？

私：なかなか良かったよ。ちょっと揺れたけどね。迎えに来てくれてありがとう。感謝してるよ。

友人：どういたしまして。

〔1〕MP3 51 〔2〕MP3 52

Friend: Hey! How was your flight?
I: Pretty good. A little bumpy. Thanks for picking me up. I really appreciate it.
Friend: No problem.

「思い出の thanking」 "*Big American Hospitality*"

　私がこの研究プロジェクトで初めてミズーリ州のケープ・ジラード (Cape Girardeau, MO) を訪れた時のことです。Dr. Adelaide Heyde Parsons とご主人が親切にも St. Louis International Airport に車で迎えに来てくれました。（ケープ・ジラードから片道2時間程かかります。）それだけでも "Thank you so much. I really appreciate it!" の気持ちで一杯になりましたが、途中で立ち寄ったレストラン（日本で言うファミリーレストランタイプのところ）でさらにサプライズな出来事が待っていました。

　アメリカン・スタイルのボリュームたっぷりの昼食と Parsons 夫妻との談笑を楽しんでいると、従業員の人も話の輪に加わってきました。そして、私が日本からやって来て、ミズーリを初めて訪れたと知ると、"Welcome to Missouri! We treat you with a free meal!"「ミズーリにようこそ！あなたの食事はただにします！」（確かこんな感じだったと思います。）とその従業員の方が言いました。私は「それぐらい歓迎の気持ちを表してくれているのだろうな」程度に受け止めたのですが、Parsons 夫妻にお聞きすると、「本当にただにしてくれる」ことがわかり、本当に驚きました。もちろん、感謝の言葉の羅列と握手で私の感謝の気持ちを伝えましたが、とても伝えきれないほどの感謝の気持ちだったことを覚えています。

　アメリカに行くたびに現地の方々の hospitality（歓待）をいただいて感激しますが、それらは普通、知り合いになった方々からのインフォーマルな形のもの（BBQ やディナーへの招待など）です。それゆえこのような「ビジネス」上でのホスピタリティーをいただき、非常に驚くと共に American hospitality の大きさと懐の深さにあら

ためて感謝の気持ちを持った次第です。ミズーリ州は地理的に「温かい雰囲気で客人を歓待する」Southern hospitality で有名な南部諸州と接しているので、その風土的雰囲気を共有しているのかもしれません。

　「相手との距離を縮めよう、親しくしよう」という姿勢は、前述の Brown & Levinson (1987) の「ポジティブ・ポライトネス (= Positive Politeness)」に当てはまります。渡米した経験がある方ならわかると思うのですが、アメリカではこの「ポジティブ・ポライトネス」が人々の生活の基礎になっているといっても過言ではありません。地元コミュニティーの人々も、客人を温かく迎えるために話しかけてくれたり、色々なイベントに誘ったりしてくれます。そのような親切な気持ちに応えるためにも、適切で効果的な Thanking の方法をマスターしておきたいものです。この場をお借りして、私の研究プロジェクトに多大な協力をいただいた Dr. Parsons に御礼の言葉を記したいと思います。

Dr. Parsons, I can never thank you enough for the kind support you gave my research project. Without your help, I would never have been able to get this book published.

Apologizing（謝罪）

Apologizing（謝罪） レクチャー編

　Apologize（謝罪）は、「すまなかった、申し訳なかった」という謝罪の意思を相手に理解してもらうためのスピーチアクトです。キーワードは、もちろん *sorry* です。しかしながら、相手に真摯な態度で謝りたい、謝罪したい、というときには、*sorry*（すみません）だけでは「すみません」。他にどのような言語ストラテジーを組み合わせていけばより心を込めた謝罪ができるのか、この章で学んでいきましょう。

Stage 1（基本表現を学びましょう）

[初級レベル／Basic level]

◇ 基本表現

Sorry.

I'm sorry.

◇ ＋強めの言葉

I'm [so / really / terribly] sorry.

◇ ＋呼びかけ

Nancy, I'm so sorry.

I'm really sorry, Michael.

Nancy, I'm so sorry.

Apologizing（謝罪） レクチャー編

　Apologize（謝罪）は、Thank（感謝）と同様に相手のために行うスピーチアクトですから、ストラテジーの方向性は「直接的、強調する」です。"I'm sorry" を強めるには、一般的に上記の通り *so*、*really*、*terribly* を使います。そして Thanking（感謝）と同様、相手への呼びかけ（address term）が多用されます。呼びかけ表現を使って、相手に直接話しかけている姿勢を示しているわけです。

Stage 2（基本表現＋基本ストラテジーを学びましょう）　MP3 54

[中級レベル／ Intermediate level]

◇ ＋過失の内容

1) **I'm really sorry for bumping into you.**
   （あなたにぶつかってしまい、本当にすみませんでした。）

2) **I'm so sorry I'm late.**
   （遅刻してしまい、大変申し訳ありません。）

◇ ＋理由の説明

Sorry. I didn't see your foot.
（ごめんなさい、あなたの足に気付かなかったのです。）

I'm really sorry for bumping into you.

　初級レベルの基本表現をマスターしたら、他のストラテジーを加えて、Apologizing に磨きをかけていきましょう。「中級レベル」では、上記の 2 点をご紹介します。

Apologizing（謝罪）

　「過失の内容」は、*I'm sorry* の文の中にどのような過失をしてしまったかの説明の部分が入っているパターンです。感謝の場合と同じように、何に対して謝罪しているかを説明するのは当然のことです。最初の例文ではぶつかったことに対して相手に謝罪の意を表し、2番目の例文では、遅刻したことに対して先生に謝っています。理由を表すためには、*for* と *that* を使用します。*for* の後には名詞句、動名詞句、名詞節などの名詞の働きをする語句（名詞相当語句）が来ます。*that*（2番目の例では省略されています。）の後には、S+V のそろった「節 (= Clause)」が来ます。

「理由の説明」は、*sorry* を使用した謝罪の前後に「なぜ過失をしてしまったか」の理由を述べるという基本ストラテジーです。大抵の場合、一番基本的な構文である「陳述文 (= statement ／ declarative sentence)」のタイプの文が使用されます。

Stage 3（様々なストラテジーと組み合わせ方を学びましょう）
[上級レベル／Advanced level]
(A) ～色々なストラテジー～

　さあ、今までの基本的表現とストラテジーを学んだら、次は様々なストラテジーを組み合わせて自由自在にこのスピーチアクトを使用できるようにしましょう。まずは、基本表現以外にはどのような主要ストラテジーがあるか、次のリストでご紹介します。

Apologizing（謝罪） レクチャー編

Strategy	Freq.	%
1. Head act (sorry) キーワード (sorry) の使用	94	25.7%
2. Head act (sorry) + fault キーワード (sorry) の使用＋過失の内容	74	20.2%
3. Specification of reason 理由の説明	49	13.4%
4. Offer of compensation/help 償いや援助の申し出	40	10.9%
5. Acknowledgement of Speaker's fault 自分の過失を認める	28	7.7%
6. Denial of intentionality 意図的な行為の否定	24	6.6%
7. Query on Hearer's condition 相手の状態に関する質問	14	3.8%
8. Promise of not repeating 繰り返さない誓い	11	3.0%
9. Regret for past action 自分の行いに対する後悔	8	2.2%
10. Plea for forgiveness 許しの懇願	5	1.4%

（5回以上使用されたものから実用的なものを抽出）

　上のリストを見ると、"I'm sorry" や "Sorry"、「＋過失の内容」、「理由の説明」以外で多いのは、[4]「償いや援助の申し出」であることがわかります。具体例としては以下があげられます。

Apologizing（謝罪）

[4]「償いや援助の申し出」

1) I promise I will make this up to you.

（この償いをすることを約束します。）

2) I'll buy you a new one. （あなたに新しいのを買ってあげます。）

3) I'll pay for the damage. （損害に対して支払います。）

4) Let me buy you a new shirt.

（新しいシャツを買うことを許可してください。）

5) Let me make it up to you with dinner later.

（後で夕食で償いをさせてください。）

I promise I will make this up to you.

　まず1)の例をみると、"I promise"（約束します）という表現を用いて申し出を強めています。2)と3)では、1)にも含まれていますが、話者の意志を示す"I'll (=I will)"が用いられています。4)と5)は、相手に許可を求める"Let me"を用いることによって、「相手を自分よりも一段高く置く」と共に自分が償いをすることに対して「許可」を求めています。

Apologizing（謝罪） レクチャー編

次に、[6]「意図的な行為の否定」の実際の例をみてみましょう。

[6]「意図的な行為の否定」

1) **I didn't mean it.** （そんなつもりではなかったのですが。）
2) **I didn't mean to.** （そんなことをするつもりではなかったのですが。）
3) **I didn't mean to run into you.**
   （あなたにぶつかるつもりではなかったのですが。）
4) **It was an accident.** （それは偶然（の出来事）だったのです。）

I didn't mean to run into you.

　このストラテジーでの定型表現は、"I didn't mean"（〜のつもりではなかったのですが）です。"mean"は、「つもりで言う、する」という意味を表す動詞で、話者の意図を示します。この"mean"が"don't"で否定されているので、話し手は「意図的な行為の否定」を行っているのです。日本語での謝罪では「そんなつもりではなかったのですが」という表現はそれほど使用されませんが、英語での謝罪ではよく使われる表現です。自然な英語の表現として覚えておくと良いでしょう。"mean"の後は、1) が代名詞の*it*、2) と 3) が *to* 不定詞の名詞的用法の語句、といったように名詞句がきます。4) は "I didn't mean"と同じように、「意図的な行為の否定」を表しています。

Apologizing（謝罪）

今度は、[7]「相手の状態に関する質問」のいくつかの例です。

[7]「相手の状態に関する質問」

1) Are you okay?　（大丈夫ですか。）
2) Are you hurt?　（痛くありませんか。）
3) Did I hurt you?　（痛い思いをさせてしまいましたか。）

Are you okay?

　こちらは、「相手にぶつかった」とか、「相手の足を踏んでしまった」といった場合に使われるストラテジーです。多少なりとも相手に危害を加えてしまったかもしれないので、「大丈夫ですか？怪我はありませんでしたか？」と尋ねて相手に対して心遣いを見せています。短い簡単な疑問文ですので、覚えておけばすぐに実際の場面で使用できることでしょう。（そのような場面に遭遇しないことを祈るばかりですが。）

　次に、[8]「繰り返さない誓い」の例文を見てみましょう。

[8]「繰り返さない誓い」

1) I'll be sure to keep an eye out from now on.

　　（これからは必ず気をつけます。）

2) I'll be on time for the next class, I promise.

　　（次の授業は時間通りに来ます。）

Apologizing（謝罪） レクチャー編

3) I won't do it again. （二度とそんなことはしません。）

4) I won't let it happen again.

（二度とそんなことが起きないようにします。）

5) It will never happen again, I swear.

（二度とそんなことは起きません。約束します。）

I'll be on time for the next class, I promise.

5) では、自分の意思を表すために、"swear"という直接的な「誓い」の表現を用いています。1) - 4) で目につくのは、意志未来を表す will です。「過ちを繰り返すつもりはありません」と、自らの決意のほどを述べています。

次は、[9]「自分の行いに対する後悔」をご紹介します。

[9]「自分の行いに対する後悔」

1) I can't believe I did that.

（私がそんなことをしてしまったのが信じられません。）

2) I can't believe I didn't see your car in my mirror.

（ミラーであなたの車が確認できなかったのが信じられません。）

3) I should have brought it right back.

（それをすぐに返すべきでした。）

4) I should have called to let you know I would be late.

（帰るのが遅くなることを電話でお知らせするべきでした。）

5) I should've been paying more attention.

（もっと注意しているべきでした。）

Apologizing（謝罪）

　1)と2)では、「"I can't believe" + 名詞節(I didn't …)」を用いて、「私が～した（してしまった）ことが信じられない」と驚きの気持ちで「自分の行いに対する後悔」の意を表しています。

　3)、4)、5) は後悔の気持ちを表す定型表現の「"should have / shouldn't have" + 過去分詞」(～すべきだった／すべきではなかった)が用いられています。法助動詞(= modal auxiliary)のshould（～すべき）に過去を表す完了相(= perfect aspect)の *have* + 過去分詞が組み合わされて、「～すべきだった（のにしなかった）／すべきではなかった（のにしてしまった）」という話し手の後悔の気持ちを表しています。「助動詞(= auxiliary verbs)」、「時制(=tense)」、「相(= aspect)」、「法(= mood)」、「態(= voice)」といった、動詞句に関する文法事項がどれだけ話し手の「気持ち」や「相手への配慮」を表すために用いられているかというテーマは、現在の日本の中等英語教育ではまだまだ十分に触れられていない領域ですが、実際の「コミュニケーション」で英語を使うときにはとても大切な部分であり、これらを使いこなせるようになることが必要です。本書を読み、また練習することでこれらの文法項目の有効的使用法をマスターしていただければ、と思います。

Apologizing（謝罪） レクチャー編

主要ストラテジーの最後は、[10]「許しの懇願」です。

[10]「許しの懇願」

1) Can you ever forgive me?
   （(いつか) 許してもらえますでしょうか。）
2) I hope you can forgive me. （許してもらえると良いのですが。）
3) Will you accept my apology?
   （私の謝罪を受け入れてもらえますか。）

Will you accept my apology?

　当然、相手に許してほしいと思って謝罪をするわけですから、上記のように、「許してもらえますか／許してください」と直接的に相手にいうストラテジーも、オプションとして取り得るわけです。1) と 3) のように、疑問文で相手の意向を尋ねたり、2) のように "I hope" を用いて自分の気持ちを表したりしています。

　これら以外にも、2) と 3) を組み合わせて、"I hope you will accept my apology." という表現も実際の場面で使えますので、覚えておくと便利だと思います。

Apologizing（謝罪）

(B) ～色々な場面でのストラテジーの組み合わせ～

さて、Apologizingの学習も大分深いところまで来ました。今までご紹介したストラテジーの数々は、どのような場面で、どのような組み合わせで使われるのでしょうか。次はこのテーマを追ってみましょう。

使用された場面	（5回以上出てきたもの）
1. Destruction 　何かを壊してしまった場合	27
2. Bumping 　相手にぶつかった場合	20
3. Doing H harm 　相手に何か損害を加えてしまった場合	19
4. Offending 　相手に不快感を与えてしまった場合	19
5. Lateness 　遅刻した場合	18
6. Causing H a problem 　相手に何か問題をもたらしてしまった場合	14
7. Disappointing H 　相手を失望させてしまった場合	9
8. Forgetting 　何かを忘れてしまった場合	8

上記を見ると、「物を壊した」、「相手に損害や不快感を与えてしまった」、「遅刻した」などが上位に入っています。

Apologizing（謝罪） レクチャー編

それでは次に、実際の場面と会話ストラテジーの組み合わせをいくつかご紹介しましょう。

1. キーワード(sorry)の使用＋過失の内容 ＋ 理由の説明　MP3 61

Situation（場面）	Utterances（発言）	Strategy（ストラテジー）
Forgot to call my girlfriend. （彼女に電話をするのを忘れてしまった場面）	I am so sorry I forgot to call you last night. （昨日の夜電話をし忘れて本当にごめん）	キーワード(sorry)の使用＋過失の内容
	I was doing my homework. （課題をやってたんだよ）	理由の説明

　この例では、「過失の内容」（〜してしまって）の部分がthat節で表現されています。[sorry for ＋名詞句 / sorry that ＋名詞節]の2パターンをよく覚えておいてください。

　また、真摯に謝りたい場合の定番ストラテジーは「理由の説明」です。相手が自分の謝罪を受け入れるに足る「理由」をしっかり説明できるよう心がけましょう。構文的には、一番基本的なStatement（陳述文）タイプです。

Apologizing（謝罪）

2. キーワード(sorry)の使用 + 意図的な行為の否定　MP3 62

Situation（場面）	Utterances（発言）	Strategy（ストラテジー）
I stepped on Lisa's toe and apologize.（リサのつま先を踏んでしまって謝る場面）	Oh, I'm sorry.（あら、ごめんなさい）	キーワード(sorry)の使用
	I didn't mean to step on your toe.（あなたのつま先踏むつもりじゃなかったの）	意図的な行為の否定

　こちらの例では、主要定型表現の一つである"I didn't mean"が組み合わされ、「そんなことをするつもりではなかった」と、意図的ではなかったことを表しています。理由を述べるのが難しい場合には、代わりにこちらのストラテジーを使用しましょう。

3. キーワード(sorry)の使用 + 理由の説明 + 償いや援助の申し出　MP3 63

Situation（場面）	Utterances（発言）	Strategy（ストラテジー）
I ran into someone accidentally, who was carrying an armful of papers. The papers scattered on the floor.（偶然、書類を両腕に抱えた人にぶつかってしまい、書類が床に散乱してしまった場面）	Oh no! I'm so sorry!（ああ、なんてこと、本当にすみません。）	キーワード(sorry)の使用
	I wasn't watching where I was going!（注意して歩いていませんでした。）	理由の説明
	Let me help you pick up your papers.（書類を拾うのを手伝わせてください。）	償いや援助の申し出

　この例では3つのストラテジーが組み合わされて、真摯に謝罪を行っています。特に最後の「償いや援助の申し出」が相手への心遣いを強く表しています。このストラテジーを実際に使いこなすためにも前述の"Let me ..."や"I will ..."の使用法を練習しておいてください。

(C) 会話の中での Apologizing

次は、会話の中でどのような場面でどのように Apologizing が用いられるか、またどのように受け答えがなされるかを、「スピーチアクト・コーパス」のデータからご紹介しましょう。

1. 物を壊してしまった場合の謝罪

1-a「お母さんが気に入っているお皿を割ってしまったことへの謝罪」

I: Mom, I think I just broke your favorite dish.
Mom: You did what?
I: I broke your favorite dish. I'm really sorry.
Mom: That's ok. Just pick up all the pieces.

私：お母さん、私お母さんのお気に入りのお皿割っちゃったみたい。
母：えっ、何をしたって？
私：母さんのお気に入りのお皿割っちゃったの。本当にごめんなさい。
母：そんなの大丈夫よ。割れたかけらをすべて拾っておいてね。

相手の謝罪を受け入れる場合は、上の例にみられるような、"That's ok"、"It's ok"、"No problem"、"Don't worry" などの定型表現を単独または組み合わせて使います。このお母さんはとても寛大に謝罪を受け入れると共に、解決法の提示を示しています。この中で使われている "just" は、指示の内容を相手が受け入れやすくなるように「〜すればいいだけですよ」というニュアンスを表すためによく使われる言葉です。

Apologizing (謝罪)

1-b 「近所の家のガラスを割ってしまったことへの謝罪」

I: Mrs. Jones, I'm really sorry that I broke your window playing ball.

Mrs. Jones: No worries, but you do realize you will have to pay for it, don't you?

I: Yes, I understand.

私：ジョーンズさん、ボール遊びをしていてあなたの家の窓ガラスを割ってしまい、すみません。

ジョーンズさん：心配しなくてもいいよ。でもこれを弁償しないといけないことはわかるよね。

私：はい、わかります。

　先の例のように全面的に謝罪を受け入れて完全に許してもらえる場合ばかりではありません。この場合では、謝罪に対して「心配しなくてもいいよ」と受け入れつつ、「金銭的には借りができたからね」と修理費の方では許されていないことが示されています。このように、心情的には許してもらえても損害そのものには賠償などの責任がかかってくることは十分に考えられます。この後の展開は、謝罪とその受け答えを超えて「示談交渉」などになっていくことでしょう。ちなみに、"No worries" は "Don't worry" の別バージョンとして英語圏で最近よく耳にするフレーズです。

Apologizing（謝罪） レクチャー編

2. 相手に不快感を与えてしまった場合の謝罪

2-a「ガールフレンドに不快な態度を取ってしまったことへの謝罪」

I: Sweetheart, I just wanted to let you know I'm sorry!
Girlfriend: Sorry for what?
I: For being so mean to you earlier today.
Girlfriend: Don't worry about it. I've forgotten all about it.
I: Okay! I love you!
Girlfriend: I love you, too.

私：ねえ、本当にすまなかったって思ってるって、知ってほしいんだ。
彼女：何に対してすまなかったの？
私：今日さっき君にたいして意地悪だったことに対して。
彼女： 気にしないでいいわよ。もう忘れたから。
私：わかった！愛してるよ！
彼女：私も愛してるわ。

　ハッピーエンドでめでたし、というストーリーです。最初のレスポンスの、"Sorry for what?" は、相手が何に対して謝っているかが良くわからない場合の聞き返しとして使えますので、覚えておくと良いでしょう。2回目のレスでは "Don't worry" のみならず、"I've forgotten all about it." といって完全に「水に流した」と言っています。こんなに寛大なお相手で、この人は本当に良かったですね！

Apologizing（謝罪）

<u>2-b「ボーイフレンドに怒鳴ってしまったことへの謝罪」</u>　MP3 67

I: Matt, I'm sorry I yelled at you.
Boyfriend: I forgive you, but I'm still upset.
I: I know. I had no right to jump to conclusions.
Boyfriend: I really didn't do what you thought I did, and I'm hurt that you would think that.
I: I know that now. As I said, I'm sorry.

私：マット、怒鳴っちゃってごめんなさい。
彼：いいよ、許すから。でもまだびっくりしてる。
私：わかってるわ。結論に飛びつく権利は私にはなかったのに。
彼：君が思っていたようなこと本当に僕はしていないし、君がそう思っていたんだって知って傷ついたよ。
私：もう今はわかったわ。ごめんなさい。

　こちらの方は少し微妙な感じになっていますね。お互いの関係の微妙なすれ違い、といったところでしょうか。彼氏の方も、"I forgive you"と相手を許容することを前提としながらも、相手の誤解に対しては「驚いたし、傷ついた」と正直な気持ちを伝えています。それに対して彼女の方も自分の誤解に対する謝罪を繰り返しています。謝罪の対象が「怒鳴ったこと」と「誤解したこと」の2つという、謝罪の二重構造が見えてくる会話例です。

Apologizing（謝罪） レクチャー編

3. 遅刻してしまった場合の謝罪

3-a「授業に遅刻してしまったことへの謝罪」

I: Sorry I'm late, sir.
Teacher: That's all right this time, but don't let it happen again.
I: I won't. I promise.

私：先生、遅れてすみません。
先生：了解しました。また繰り返さないようにしなさい。
私：わかりました。繰り返しません。

　授業での遅刻はよくある光景ですが、まずは「謝罪」をしっかりとしましょう。あとから現れて授業の流れを止めることは、先生のみならずクラスメートにも迷惑がかかることですから。アメリカの学校では、先生に（特にこのような場合に）話しかける際には上記のように *Sir, Ma'am, Mr.---, Ms.---* を使って相手に敬意を表す場合が普通です。こちらもマナーとして覚えておいてください。

　さて、それに対して先生は、まずは相手の謝罪を受け入れてから、「繰り返さないように」とクギを刺すのを忘れていません。まずは心情的に許してから、実務的な部分ではこうしなさい、こうしてほしい、と述べるパターンが多いようです。相手の謝罪への対応として、英語のみならず日本語を使っている状況でも参考にしたいストラテジーです。

Apologizing（謝罪）

3-b 「妹を学校に迎えに行くのに遅刻してしまったことへの謝罪」 MP3 69

I: I am really sorry I'm late.
Sister: This makes it the second time this week.
I: I know. I really am very sorry.
Sister: OK. I forgive you. But please try to be on time tomorrow.
I: I will try very hard.

私：遅れて本当にごめん。
妹：これで今週は2度目ね。
私：わかってる。本当に、本当にごめん。
妹：わかった。許してあげる。でも明日は時間通りに来るよう努力してね。
私：精いっぱい努力するよ。

　度重なる出迎えの遅刻に怒ってしまった妹さん、最初の謝罪を受け入れるのを拒否しています。ただ「今週は2度目です」という事実を述べているだけですが、相手に対する「間接的な非難」と受け取ることができます。ですので、この言葉の意味するところを理解して、この人は *really* と *very* を重ねて使用して謝罪の意を精一杯強調しています。それを受けて妹さんはようやく"OK. I forgive you."と謝罪を受け入れました。しかしすぐさま、"But ..." と注文を出しています。この人は、その要求に最大限こたえることを「約束」して、何とかこの場を収めたようです。

　この例のように、家族間などの親しい間柄では紋切り型のやり取りではなく「本音」が出てきます。我々が海外で生活する場合も、知り合った人たちとだんだん距離が縮まって「本音」をぶつけ合う場面がしばしば出てきます。相手を怒らせてしまう場合もあれば、自分が怒ってしまう場合もあることでしょう。そのような場合にど

Apologizing（謝罪） レクチャー編

んな言葉を使うべきなのか、この例から少し見えてきます。妹さんは、「事実の指摘による『間接的な非難』」（You are/did … など相手に対する直接的な表現を使うのではなく）と、「謝罪の受け入れ＋注文」という、決定的な対立を避けられるような感情の表し方、また要求の仕方をしています。私は、この妹さんの一連の発言は、とても見事な言語ストラテジーの組み合わせの例だと感じています。自分がとても怒っている場合でも、決定的な対立に至って後に禍根を残すような言葉遣いは避けたいものです。そのためにも、このように間接的に「相手に反省を促す」方法を参考にしてください。

(D) ～コロケーション（語句の組み合わせ）～

最後は言語学的な研究です。このスピーチアクトではどのような単語がどのように使用されているのでしょうか。前章と同じように、コーパス分析ツール"Wordsmith"を使って調べてみることにしましょう。このスピーチアクトでよく使用されるdidn'tの使用法に焦点を当ててみます。

[DIDN'T]

I	DIDN'T	meant it / mean to

参考：Wordsmithによる言語使用パターン分析結果 (didn't)

N	L3	L2	L1	Centre	R1	R2
1	I'M	SORRY	I	DIDN'T	MEAN	TO
2	SORRY				SEE	YOU

Apologizing（謝罪）

　私が最初に Apologizing での使用頻度順の単語リストを作成した際、なぜこの didn't が上位にランクされたのか不思議に思いました。しかしながら、「コンコーダンス」（＝ Concordance、検出したい語が文の中央にくるコーパス・リスト）の分析結果から、"I didn't mean it/to" という定型表現の一部であることが判明し、さらに "I'm sorry. I didn't mean to ..." という流れが英語の謝罪における自然なパターンであることが分かった訳です。

Apologizing（謝罪）　トレーニング編

　「レクチャー編」の学習、ご苦労様でした。さあ、ここまで学んだ表現を、この「トレーニング編」で実際に使えるようにしていきましょう。目指せ、「英語スピーチアクトの達人」！

Stage 1（基本表現をマスターしましょう）

[A] CD と一緒に発音してみましょう。　MP3 70

1) 基本表現
   a) Sorry.
   b) I'm sorry.

2) ＋強めの言葉
   I'm [a) so / b) really / c) terribly] sorry.

3) ＋呼びかけ
   a) Nancy, I'm so sorry.
   b) I'm really sorry, Michael.

Apologizing（謝罪） トレーニング編

[B] 日本語の意味に対応するように、英語で言ってみましょう。その後でCDを聞きながら繰り返しましょう。

　　1) ごめんなさい。　（2種類）

　　2) 本当にごめんなさい。　（3種類）

　　3) ナンシー、本当にごめんなさい。　（2種類）

（答え）　　　　　　　　　　　　　　　　　MP3 71

　1) a) Sorry.

　　 b) I'm sorry.

　2) I'm [a) so / b) really / c) terribly] sorry.

　3) a) Nancy, I'm so sorry.

　　 b) I'm really sorry, Nancy.

Stage 2（基本表現＋基本ストラテジーをマスターしましょう）

[A] CDと一緒に発音してみましょう。　　　MP3 72

　1) ＋過失の内容

　　　a) I'm really sorry for bumping into you.

　　　b) I'm so sorry I'm late.

　2) ＋理由の説明

　　　Sorry. I didn't see your foot.

[B] 日本語の意味に対応するように、英語で言ってみましょう。その後でCDを聞きながら繰り返しましょう。

　1) ＋過失の内容

　　　a) あなたにぶつかってしまい、本当にすみませんでした。

　　　b) 遅刻してしまい、大変申し訳ありません。

Apologizing（謝罪）

2) ＋理由の説明

ごめんなさい、あなたの足に気付かなかったのです。

（答え）

1) a) I am really sorry for bumping into you.
   b) I'm so sorry I'm late.

2) Sorry. I didn't see your foot.

Stage 3（様々なストラテジーと組み合わせ方をマスターしましょう）

(A) 〜色々なストラテジー〜

1.「償いや援助の申し出」

[A] CDと一緒に発音してみましょう。

1) I promise I will make this up to you.
2) I'll buy you a new one.
3) I'll pay for the damage.
4) Let me buy you a new shirt.
5) Let me make it up to you with dinner later.

[B] 日本語の意味に対応するように、英語で言ってみましょう。その後でCDを聞きながら繰り返しましょう。

1) あなたに新しいのを買ってあげます。（Hint: I'llを使って）
2) 損害に対して支払います。（Hint: I'llを使って）
3) この償いをすることを約束します。（Hint: willを使って）
4) 新しいシャツを買うことを許可してください。（Hint: letを使って）
5) 後で夕食で償いをさせてください。（Hint: letを使って）

Apologizing（謝罪） トレーニング編

（答え）

1) I'll buy you a new one.
2) I'll pay for the damages.
3) I promise I will make this up to you.
4) Let me buy you a new shirt.
5) Let me make it up to you with dinner later.

2．「意図的な行為の否定」

[A] CDと一緒に発音してみましょう。

1) I didn't mean it.
2) I didn't mean to.
3) I didn't mean to run into you.
4) It was an accident.

[B] 日本語の意味に対応するように、英語で言ってみましょう。その後でCDを聞きながら繰り返しましょう。

1) そんなつもりではなかったのですが。
2) そんなことをするつもりではなかったのですが。
3) あなたにぶつかるつもりではなかったのですが。
4) それは偶然（の出来事）だったのです。

（答え）

1) I didn't mean it.
2) I didn't mean to.
3) I didn't mean to run into you.
4) It was an accident.

Apologizing（謝罪）

3．「相手の状態に関する質問」

[A] CDと一緒に発音してみましょう。

1) Are you okay?
2) Are you hurt?
3) Did I hurt you?

[B] 日本語の意味に対応するように、英語で言ってみましょう。その後でCDを聞きながら繰り返しましょう。

1) 大丈夫ですか。
2) 痛くありませんか。
3) 痛い思いをさせてしまいましたか。

（答え）

1) Are you okay?
2) Are you hurt?
3) Did I hurt you?

4．「繰り返さない誓い」

[A] CDと一緒に発音してみましょう。

1) I'll be sure to keep an eye out from now on.
2) I'll be on time for the next class, I promise.
3) I won't do it again.
4) I won't let it happen again.
5) It will never happen again, I swear.

Apologizing（謝罪） トレーニング編

[B] 日本語の意味に対応するように、英語で言ってみましょう。その後で CD を聞きながら繰り返しましょう。

1) 二度とそんなことはしません。
(Hint: won't を使って)

2) 二度とそんなことが起きないようにします。
(Hint: won't を使って)

3) 二度とそんなことは起きません。約束します。
(Hint: never を使って)

4) 次の授業は時間通りに来ます

5) これからは必ず気をつけます。

（答え）

1) I won't do it again.
2) I won't let it happen again.
3) It will never happen again, I swear.
4) I'll be on time for the next class, I promise.
5) I'll be sure to keep an eye out from now on.

5.「自分の行いに対する後悔」

[A] CD と一緒に発音してみましょう。

1) I can't believe I did that.
2) I can't believe I didn't see your car in my mirror.
3) I should have brought it right back.
4) I should have called to let you know I would be late.
5) I should've been paying more attention.

Apologizing（謝罪）

[B] 日本語の意味に対応するように、英語で言ってみましょう。その後で CD を聞きながら繰り返しましょう。

1) それをすぐに返すべきでした。
2) もっと注意しているべきでした。
3) 帰るのが遅くなることを電話でお知らせするべきでした。
4) 私がそんなことをしてしまったのが信じられません。
5) ミラーであなたの車が確認できなかったのが信じられません。

（答え）

1) I should have brought it right back.
2) I should've been paying more attention.
3) I should have called to let you know I would be late.
4) I can't believe I did that.
5) I can't believe I didn't see your car in my mirror.

6．「許しの懇願」

[A] CD と一緒に発音してみましょう。

1) Can you ever forgive me?
2) I hope you can forgive me.
3) Will you accept my apology?

Apologizing（謝罪） トレーニング編

[B] 日本語の意味に対応するように、英語で言ってみましょう。その後でCDを聞きながら繰り返しましょう。

1) （いつか）許してもらえますでしょうか。
2) 許してもらえると良いのですが。
3) 私の謝罪を受け入れてもらえますか。

(答え)

MP3 85

1) Can you ever forgive me?
2) I hope you can forgive me.
3) Will you accept my apology?

(B) 〜色々な場面でのストラテジーの組み合わせ〜

※ 今度は、Utterances（発言）の日本語の部分を英語で言ってみてください。その後でCDを聞き答えを確認すると共に、後に続いて繰り返して練習してください。

1. キーワード(sorry)の使用＋過失の内容 ＋ 理由の説明

Situation（場面）	Utterances（発言）	Strategy（ストラテジー）
彼女に電話をするのを忘れてしまった場面	**(A) 昨日の夜電話をし忘れて本当にごめん**	キーワード(sorry)の使用＋過失の内容
	(B) 課題をやってたんだよ	理由の説明

(答え)

MP3 86

(A) I am so sorry I forgot to call you last night.
(B) I was doing my homework.

Apologizing（謝罪）

2. | キーワード (sorry) の使用 | + | 意図的な行為の否定 |

Situation（場面）	Utterances（発言）	Strategy（ストラテジー）
リサのつま先を踏んでしまって謝る場面	(A) あら、ごめんなさい。	キーワード (sorry) の使用
	(B) あなたのつま先踏むつもりじゃなかったの。	意図的な行為の否定

（答え） MP3 87

(A) Oh, I'm sorry.

(B) I didn't mean to step on your toe.

3. | キーワード (sorry) の使用 | + | 理由の説明 | + | 償いや援助の申し出 |

Situation（場面）	Utterances（発言）	Strategy（ストラテジー）
偶然、書類を両腕に抱えた人にぶつかってしまい、書類が床に散乱してしまった場面	(A) ああ、なんてこと、本当にすみません。	キーワード (sorry) の使用
	(B) 注意して歩いていませんでした。	理由の説明
	(C) 書類を拾うのを手伝わせてください。	償いや援助の申し出

（答え） MP3 88

(A) Oh no! I'm so sorry!

(B) I wasn't watching where I was going!

(C) Let me help you pick up your papers.

Apologizing（謝罪） トレーニング編

(C) 会話の中での Apologizing

※それでは、Apologizing（謝罪）の仕上げに、会話でやり取りできる実力を磨きましょう。まず [1] は、I になって、ストラテジーを組み合わせて相手に謝罪をしてください。その次に [2] で相手の役になって、謝罪に対して受け答えをしてください。

1. 物を壊してしまった場合の謝罪

1-a「お母さんが気に入っているお皿を割ってしまったことへの謝罪」

私：お母さん、私お母さんのお気に入りのお皿割っちゃったみたい。
母：えっ、何をしたって？
私：母さんのお気に入りのお皿割っちゃったの。本当にごめんなさい。
母：そんなの大丈夫よ。割れたかけらをすべて拾っておいてね。

〔1〕MP3 89 〔2〕MP3 90

I: Mom, I think I just broke your favorite dish.
Mom: You did what?
I: I broke your favorite dish. I'm really sorry.
Mom: That's ok. Just pick up all the pieces.

1-b「近所の家のガラスを割ってしまったことへの謝罪」

私： ジョーンズさん、ボール遊びをしていてあなたの家の窓ガラスを割ってしまい、すみません。
ジョーンズさん：心配しなくてもいいよ。でもこれを弁償しないといけないことはわかるよね。
私： はい、わかります。

Apologizing（謝罪）

〔1〕MP3 91　〔2〕MP3 92

I:　Mrs. Jones, I'm really sorry that I broke your window playing ball.

Mrs. Jones: No worries, but you do realize you will have to pay for it, don't you?

I:　Yes, I understand.

2. 相手に不快感を与えてしまった場合の謝罪

2-a「ガールフレンドに不快な態度を取ってしまったことへの謝罪」

私：　ねえ、本当にすまなかったって思ってるって、知ってほしいんだ。

彼女：何に対してすまなかったの？

私：　今日さっき君にたいして意地悪だったことに対して。

彼女：気にしないでいいわよ。もう忘れたから。

私：　わかった！ 愛してるよ！

彼女：私も愛してるわ。

〔1〕MP3 93　〔2〕MP3 94

I:　Sweetheart, I just wanted to let you know I'm sorry!

Girlfriend: Sorry for what?

I:　For being so mean to you earlier today.

Girlfriend: Don't worry about it. I've forgotten all about it.

I:　Okay! I love you!

Girlfriend: I love you, too.

Apologizing（謝罪） トレーニング編

2-b「ボーイフレンドに怒鳴ってしまったことへの謝罪」

私： マット、怒鳴っちゃってごめんなさい。

彼： いいよ、許すから。でもまだびっくりしてる。

私： わかってるわ。結論に飛びつく権利は私にはなかったのに。

彼： 君が思っていたようなこと本当に僕はしていないし、君がそう思っていたんだって知って傷ついたよ。

私： もう今はわかったわ。ごめんなさい。

〔1〕MP3 95　〔2〕MP3 96

I:　Matt, I'm sorry I yelled at you.

Boyfriend: I forgive you, but I'm still upset.

I:　I know. I had no right to jump to conclusions.

Boyfriend: I really didn't do what you thought I did, and I'm hurt that you would think that.

I:　I know that now. As I said, I'm sorry.

3. 遅刻してしまった場合の謝罪

3-a「授業に遅刻してしまったことへの謝罪」

私： 先生、遅れてすみません。

先生： 了解しました。また繰り返さないようにしなさい。

私： わかりました。繰り返しません。

〔1〕MP3 97　〔2〕MP3 98

I:　Sorry I'm late, sir.

Teacher: That's all right this time, but don't let it happen again.

I:　I won't. I promise.

Apologizing (謝罪)

3-b「妹を学校に迎えに行くのに遅刻してしまったことへの謝罪」

私：　遅れて本当にごめん。
妹：　これで今週は２度目ね。
私：　わかってる。本当に、本当にごめん。
妹：　わかった。許してあげる。でも明日は時間通りに来るよう努力してね。
私：　精いっぱい努力するよ。

〔1〕MP3 99　〔2〕MP3 100

I:　I am really sorry I'm late.
Sister:　This makes the second time this week.
I:　I know. I really am very sorry.
Sister:　OK. I forgive you. But please try to be on time tomorrow.
I:　I will try very hard.

「思い出の apologizing」
"We apologize for any inconvenience this may cause."

　私がイギリス（イングランド）で留学生生活を送っていた時には、よく鉄道を使って色々なところに行きました。イギリスは日本と同じように全国的に鉄道網が発達しているので、どこへ行くのにも便利です。鉄道が利用できるので、イギリスに親しみを感じる方も多いと思います。しかしながら気をつけなければならないのが、列車の遅れが日常茶飯事だということです。（駅で散々待たされて、最後には"Canceled"（運行中止）となってしまうことも…。）

　列車に乗っていて遅れがあると、「遅延の原因」、「到着時間の見込み」のアナウンスのあと、定型表現 or 決まり文句として"We apologize for any inconvenience this may cause."「この遅れによって生じるかもしれないご不便に対しお詫び申し上げます」という「謝罪の表現」が聞こえてきます。長距離列車の場合、30分、あるいは1時間以上遅れる場合もしばしばです。ここからが日英の違いですが、乗客はこのようなアナウンスを聞いて一瞬ざわめくことはあっても、「怒り」の表情を浮かべたり怒鳴ったりする人はまずいません。車掌が通りかかっても、"It looks like I'm going to miss my train. How can I get to my destination?"「遅れたので乗り継ぎに間に合わないかもしれないが、目的地にはどうやって行ったらよいのか」と尋ねるぐらいです。

　ある時に私が乗った長距離列車で、"We're sorry to inform you that we cannot open the coffee shop at this time due to a technical problem with the coffee maker. We will let you know when we can open the shop once the problem has been solved.

We aplogize for the inconvenience."「コーヒーメーカーの故障で、コーヒーショップの開店ができません。直り次第また案内します。ご不便をかけて申し訳ありません。」というアナウンスが入った時も、乗客の反応は皆無でした。しかしながら、小一時間後に"The coffee maker has been fixed. The coffee shop is now open for business."「コーヒーメーカーが直りました。コーヒーショップを開店します。」というアナウンスが入った途端、車両にいた半分ぐらいの乗客が席を立ち、コーヒーショップのある車両に向かい始めました。みんな「忍耐強く」開店を待っていたのです。

　The English、つまりイングランド人は、感情を表に出したり公共の場で怒鳴ったりするのは恥ずかしいことだという認識を持っています。なにか問題が生じた時も、感情的にならずに忍耐強く、冷静に対応して問題を解決しようとします。（もちろん例外的な場面に遭遇することもありますが。）それゆえ、列車に遅れが生じた時にも、乗客が車掌や駅員に食って掛かったりする場面を見ることはめったにありません。日本では10分ぐらいの遅延でもかなりの大事と感じてしまうきらいがありますが、英国旅行の際には、ぜひイライラする気持ちを抑えて、「10分の遅れなら良い方だ」というくらいの姿勢で臨むのが良いと思います。そのためにも余裕を持った旅程の作成が必要となりますが。

　Thankingのコラムでふれたアメリカの「ポジティブ・ポライトネス」に対し、イングランドは「ネガティブ・ポライトネス(= Negative Politeness)」の文化と言えるでしょう。同じ英語の国ということで、アメリカのような「ポジティブ・ポライトネス」を期待すると驚くことが多々あります。イングランドの人たちは基本的に

「自分と相手の領域を尊重」していますので、私自身も街で何かの折に現地の人に話しかけられるようなことはほとんどありませんでした。しかしながら、いったん垣根を越えて打ち解けると、かなり「深く」仲良くなることもできました。(大学のフラット・メイトとはよく「深い」議論をしました。)その一方で、同じ英国内のスコットランドではアメリカの「ポジティブ・ポライトネス」に非常に近いものを感じることができます。スコットランド滞在中は、パブに行くたびに友人がふえたものです。

　同じ「英語圏」でもこのように文化的風土や人々の姿勢に違いがあることを理解し、覚えておけば、それらの場所を訪れた際に人々との交流をより楽しむことができるのではないかと思います。

Requesting（依頼）

Requesting（依頼） レクチャー編

　Request（依頼）は、相手に何かをしてもらいたい時に使用するスピーチアクトです。相手に何かをしてもらう際には他にもCommand（命令）やOrder（注文）も使用可能ですが、これらは異なるスピーチアクトです。まずは、これらがどう異なるのか、そしてどのように使い分けたらよいのか、という事から学んでいただきたいと思います。たとえば「ハンバーガーが欲しい」と言う場合で考えてみましょう。

(A) Command（命令）
　Give me a hamburger, please.
　（動詞句が基本）

(B) Order（注文）
　(I'd like) One hamburger, please.
　（名詞句が基本）

(C) Request（依頼）
　Can I have a hamburger, please?
　（疑問文が基本）

informal / casual / (impolite)

↕

formal / polite

Give me a hamburger, please. 　　One hamburger, please. 　　Can I have a hamburger, please?

Requesting（依頼） レクチャー編

　これらそれぞれを言った後の結果は同じで、あなたはハンバーガーを入手できることでしょう。しかしながら、あなたが相手に与える印象は異なります。

　(A) Command（命令）は基本的に、相手に対して（上の立場から）「指示を与える」ニュアンスを持っています。Politeness marker、つまり丁寧さを表すマーカー（標識）である *please* をつけてもこれは変わりません。相手がとても親しい、そしてカジュアルな場面であれば問題ありませんが、ある程度の丁寧さが必要な場であれば避けた方が良い表現方法です。それはなぜかというと、後で (C) で説明する「相手の意思の尊重」が欠けているからです。

　(B) Order（注文）は、ファーストフード店などでは一番ふさわしい表現方法だと考えられます。このような場所では、「明瞭」かつ「簡潔」に欲しいものを表現した方が良いのです。Please や I'd like、I would have などを加えれば丁寧さやフォーマルさを増すことも可能です。しかしながら、例えば先生や職場の上司から招待されたホーム・ディナーなどではどうでしょうか。やはり「相手の意思の尊重」という点で少し問題がありそうです。

　頼みごとをする対象が目上の人だったり、フォーマルな場だったりする場合にはお願いする際に「ポライトネス」（= politeness、礼儀正しさ、丁寧さ、思いやり、等の、相手に対する気遣い）が必要です。そのような時には、(C) Request（依頼）を使用しましょう。Request がなぜ、より丁寧なのかというと、疑問文などを使用して相手の意向を尋ねている、つまり「相手の意思の尊重」が織り込まれているからです。これが他の２つのスピーチアクト (A)、(B) と異なる点です。

　これからご紹介していきますが、この Request は親しい間柄でも

Requesting（依頼）

ごく普通に使われるスピーチアクトです。上の例(Can I)はごく基本的な表現で、私のデータベースからは、アメリカの大学生たちがより間接的な *Could you …*、*Would you mind …*、*I was wondering if you …* などを友人同士で頻繁に使っているさまがみてとれます。「アメリカ英語」というと、直接的でカジュアルというイメージが真っ先に浮かぶかもしれませんが、「相手への配慮」が必要な場面では、たとえ友人間であっても、やはり間接的かつ丁寧な表現を使用するのです。

英語で「ものを頼む」時にふさわしい表現を使えないと、失礼な印象を与えてしまいます。ここで丁寧かつ適切なRequestのための言語ストラテジーを学んでいきましょう。

Stage 1（基本表現を学びましょう） MP3 101

[初級レベル／Basic level]

◇ 基本表現
Will you
Can I/you
Would you
Could I/you
May I
Would you mind

◇ 丁寧さの度合いを上げる語
please

Requesting（依頼）　レクチャー編

　前ページの「基本表現」のリストは、下方向に向かって大まかに丁寧さの順番に並べてあります。（時と場合によって、丁寧さの度合いは変わります。）

　まずはこのスピーチアクトで多用される「法助動詞 (= auxiliary verb)」の学習をしていきましょう。*Will you* と *Would you* は相手の「意思」を問う表現で、*Can I/you* と *Could I/you* は依頼を実現することは「可能」かどうかを尋ねています。*May I* は相手の「許可」を求める表現です。このように、法助動詞には主語にかかわる様々な状態、意思、感情などを表す意味が込められています。「依頼」では、「〜しなさい／してください」と直接いうのではなく、「〜する意思はありますか？」、「〜することは可能ですか？」などと、頼みごと自体から一歩離れて（前提条件として）相手の意思、能力、可能性などについて尋ねるのが一般的です。聞かれた相手も、直接「〜しなさい／してください」と言われたのではなく、「意思はありますか」→「意思はあります」→「だからやってあげますよ」、「可能ですか」→「可能です」→「だからやってあげますよ」という流れになり、頼みごとを受ける際の負担感が減るわけです。また、疑問文なので、意思がなかったり可能でなかったりする場合にはそれらに関して否定の答えを出すことができるので、直接「これをしなさい／してください」と言われた場合よりも拒否をしやすくなっています。

　さて、*Can* と *Will* のみならず、なぜ仮定形の *Could* と *Would* も用いられるのでしょうか。しかも、仮定形を使った方が丁寧さの度合いが高くなるのです。それは、「仮定法」のもつ「間接性」が主な理由です。直接頼みごとを表現するのではなく間接的に「意思があるか (= will)」や「可能かどうか (= can)」について尋ねた方が丁寧な依頼になることを前述しました。更に仮定形を使って、現実では

Requesting（依頼）

なく「仮想の話」としてそれらについて尋ねると、より間接的な依頼となるのです。「頼みごと」は相手に負担をかけるタイプのスピーチアクトなので、方向性は「より間接的に、遠慮して」です。先にご紹介した Thanking（感謝）や Apologizing（謝罪）が「より強調する」方向性でしたから、それとは逆になります。

　それぞれの基本表現が実際の場面でどのように使われているか、スピーチアクト・コーパスの中の例をみてみましょう。

(A) Will you

Will you pass me the salt?　（塩を取ってくれる？）

(B) Can I/you

Hey Ashley, can I borrow your "Avatar" DVD for the day?
（ねえ、アシュリー、君の『アバター』のDVDを1日借してもらえるかな？）
Can you give me a ride to school?
（学校まで車に乗せていってくれませんか？）

(C) Would you

Would you please let me know if you are coming tomorrow night?
（明日の晩、来られるかどうか、教えてもらえますか？）

(D) Could I/you

Mom, could I have some money?
（お母さん、少しお金をもらってもいいですか？）
Could you please repeat the answer?
（もう一度答えを繰り返していただけますか？）

(E) May I

    May I please have a new piece of paper?

        （一枚新しい紙をいただいてもよろしいでしょうか？）

(F) Would you mind

    Would you mind lending me some money for lunch?

        （昼食代を貸してもらってもいいでしょうか？）

「丁寧さの度合いを上げる語」は、前述の politeness marker である *please* です。*Please* を疑問文の中で使う用法はあまり馴染みがないかもしれませんが、実際には非常によく使われる構文です。上記の中では、*Would you* はかなりの確率で *please* とともに使われています。文法的を見てみると、*Would you mind* のみが後に -ing 形の動詞（もしくは if 節）が続きます。その他はすべて原形動詞が来ています。

Stage 2（基本表現＋基本ストラテジーを学びましょう） MP3 103

[中級レベル／Intermediate level]

    ◇ ＋理由

    1) --- **because I can't see**　（見えないので）

    2) --- **because I don't have enough time**

                                  （十分な時間がないので）

    3) **I left my wallet at my house.**

                                  （財布を家においてきてしまったので）

    4) **It's cold in here.**　　　（ここが寒いので）

Requesting（依頼）

　「依頼」をする場合は、「なぜその依頼をしなければならないか」の説明が不可欠です。十分な理由の説明があってこそ、相手は依頼に応える気持ちになります。「理由」を表すには、一般的には上記(1)、(2)のように *because* などの接続詞を使用しますが、私のデータではそれら接続詞を使わず、基本表現とは独立した文で理由を説明する場合は圧倒的に多く出てきています。これら理由を表す文は、基本表現の前に置いた方が良い流れになりますが、後でも大丈夫です。これが「依頼」のスピーチアクトでの最大サブ・ストラテジーですので、しっかりと覚えておいてください。構文的な特徴は上記を見て分かる通り、基本的な Statement（陳述文）タイプです。

Stage 3（様々なストラテジーと組み合わせ方を学びましょう）
[上級レベル／ Advanced level]
　(A) 〜色々なストラテジー〜

　次は様々なストラテジーを組み合わせて自由自在にこのスピーチアクトを使用できるようにしましょう。以下のリストが「依頼」の主要ストラテジーの一覧です。このスピーチアクトの特徴は、「基本表現」のバリエーションが非常に多く、それ以外のサブ・ストラテジーのバリエーションがあまりなく、そのほとんどが上記の「依頼の理由」である、ということです。

Requesting（依頼） レクチャー編

Strategy	Freq.	%
1. Head act (Interrogative) 基本表現（疑問文）	80	33.8%
2. Supportive move (reason for request) 支援的手段（依頼の理由）	56	23.6%
3. Head act (Hypothetical + Interrogative) 基本表現（仮定形＋疑問文）	26	11.0%
4. Head act (Interrogative + PM) 基本表現（疑問文＋ please）	19	8.0%
5. Head act (Hypothetical + Interrogative + PM) 基本表現（仮定形＋疑問文＋please）	16	6.8%
6. Supportive move (promise repayment/return) 支援的手段（返済／返還の約束）	12	5.1%
7. Head act (Declarative) 基本表現（平叙文）	6	2.5%
8. Head act (Hypothetical + Declarative) 基本表現（仮定形＋平叙文）	6	2.5%

（5回以上使用されたものから実用的なものを抽出）

Requesting（依頼）

まずは [1]「基本表現（疑問文）」から見ていきましょう。

[1]「基本表現（疑問文）」

1) Can I use your hair dryer?
   （あなたのヘアドライヤーを使ってもいいですか？）
2) Can you give me a ride to school?
   （学校まで車に乗せてってもらえますか？）
3) Is it all right if I go out tonight?
   （今夜外出してもいいですか？）
4) May I go out with my friends tonight?
   （今夜友人たちと外出してもいいですか？）
5) Will you play that new country song for me?
   （あの新しいカントリーソングを弾いてくれますか？）

Can I use your hair dryer?

Requesting（依頼）　レクチャー編

　前のページの5つの例文からわかるように、「疑問文」といっても、ほとんどが法助動詞 (= modal auxiliary) が入った疑問文です。なぜこれらの法助動詞が多用されるかは、前に詳しく述べましたのでここでは割愛します。法助動詞を含んでいないのは 3) の例だけですが、こちらも実質上は相手の許可を求める May I と同じ意味を表しています。

　[2]「支援的手段（依頼の理由）」は、前の Stage 2 で説明してありますので、次の [3]「基本表現（仮定形＋疑問文）」に行きましょう。

[3]「基本表現（仮定形＋疑問文）」　MP3 105

1) Could I borrow some money?
    （少しお金を貸していただけますか？）
2) Could you turn the lights off?　（明かりを消していただけますか？）
3) Would you care if I used your straightener?
    （あなたのストレートナー〔髪をまっすぐに伸ばす道具〕を使っても構いませんか？）
4) Would you mind helping me?
    （手伝っていただいてもよろしいですか？）
5) Would you mind if I ate the last apple out of the fridge?
    （冷蔵庫の最後のリンゴを食べても構いませんか？）

Would you mind if I ate the last apple out of the fridge?

Requesting（依頼）

　このストラテジーで使用される仮定形の法助動詞は2つで、*could* と *would* です。*Would* は基本的に、*Would you mind* の形で使用され、ただ単に相手に意思を聞くのではなく、「～しても／していただいても構いませんか」と、相手の意向にいっそうの気遣いを見せています。3) では *mind* の代わりに *care* が使われていますが、意味は同じですのでバリエーションとして覚えておくと良いでしょう。3) と 5) の if 節の中の動詞が過去形になっているのは、「仮定法過去」だからです。（ちなみに、現在時制もネイティブには多用されていて、混在状態が見受けられます。）それに対し 4) では *mind* の後は動名詞 (= gerund) の *-ing* 形が来ています。この2つのパターンを覚えておいてください。Could I/you の方は、前に説明した通り Can I/you よりも一歩引いて依頼するニュアンスになります。しかしながら、上の日本語訳から感じられるようなかなりレベルの高い敬意表現というよりは、「相手に対する配慮」をより強く示した「普通に使われる表現」として、友人間でも多用されています。
　では次に、[4]「基本表現（疑問文＋ please）」をご紹介しましょう。

[4]「基本表現（疑問文＋ please）」

1) Can I please borrow that shirt to wear tonight?
　　（あのシャツ、今夜着ていくのに借りてもいいでしょうか？）
2) Can you turn the light off so I can go to bed, please?
　　（私が眠れるように明かりを消していただいてもいいでしょうか？）
3) May I have a free sample, please?
　　（無料サンプルをいただいてもよろしいでしょうか？）
4) May I please go to the movies?
　　（映画を見に行ってもよろしいでしょうか？）

Requesting（依頼）レクチャー編

　このストラテジーの定型表現は、*Can I/you … please*、*May I … please* です。丁寧さを増すために疑問文が使われていますが、さらに please を添えてより丁寧な気持ちを表しています。相手の許可を求める丁寧な疑問文の *May I …?* にも *please* をつけるというのは今まで習ったことがなかったかもしれません。これからは「命令文＋please」ではなく、これら法助動詞を使った疑問文に *please* を付けて頼みごとをするように心がけてください。
　次は、[5]「基本表現（仮定形＋疑問文＋please）」です。

[5]「基本表現（仮定形＋疑問文 +please)」　MP3 107

1) Could I please stay out an hour later tonight?
　　（お願いですから今夜は 1 時間だけ遅くまで外出させていただけませんか。）
2) Could you pass me the ketchup, please?
　　（ケチャップをまわしていただけませんか。お願いします。）
3) Would you please turn the music down?
　　（お願いですから音楽の音量を下げていただけませんか？）

Would you please turn the music down?

　基本的に、[3] の疑問文に politeness marker（丁寧さの指標）の *please* がついた形ですが、一つ興味深いのは、私のデータ中の *would* の疑問文は、前述の *Would you mind/care* か *Would you please* が圧倒的に多いという点です。これは、*would* のみでは「相

Requesting（依頼）

手の意向」を少し遠まわしに聞いているだけなので、丁寧さの度合いが少し低いと感じられます。それゆえ、十分な丁寧さを表すために *mind* や *please* を併用しているのだと考えることができます。この点が *Will you* とは異なる点で、私のデータ中では *Will you* が *please* と一緒に使われている例は一つもありません。（実際には使われていると考えられますが。）

実は、*Will you …?* は「依頼」で使用する場合にはあまり丁寧さを感じさせない、できれば目上の人に対して使うのは避けた方が良い表現としても知られています。日本語に直訳すると、「〜しますか／しますよね？」という感じで、相手の未来の行動や意思を直接尋ねています。もちろん、親しい間柄では問題ない、むしろふさわしい表現でもあり得るのですが、少し気をつけた方が良い表現です。この微妙なニュアンスはぜひ頭に入れておいていただきたいと思います。

　[6]「支援的手段（返済／返還の約束）」は、「お金や物を借りる」場合に使用されるサブ・ストラテジーです。

[6]「支援的手段（返済／返還の約束）」

1) I'll give it back right after class.
   （授業が終わったら、それをすぐに返します。）
2) I'll pay you back when I see you tomorrow.
   （明日会った時にお金を返します。）
3) I'll pay you back when I get paid.
   （給料が出たらお金を返します。）
4) I promise I will cover your shift next week.
   （あなたの来週の勤務時間は私が勤めることを約束します。）

Requesting（依頼） レクチャー編

　ここでは、Apologizing（謝罪）で紹介した、"Promise of not repeating"「繰り返さない誓い」と同じ構文パターンが使用されています。つまり、話者の意志未来を表す *I'll (= I will)* と「約束」の *I promise* です。ものを借りるときには、「返すこと」をきちんと約束するのは日本語でも同じなので、これは私たちにとっても理解しやすいストラテジーです。4) の例は、自分の勤務時間を替わってもらう事に対する「埋め合わせ」といった感じです。

　[7]「基本表現（平叙文）」は、他の基本表現とは少し趣を異にしています。

[7]「基本表現（平叙文）」

1) I need a closer seat.

　　（もっと近い席が必要です。）

2) I need to take October 27 off.

　　（10月27日は仕事を休むことが必要です。）

3) So I think I deserve a pay raise.

　　（ですので、私には賃上げがふさわしいと考えます。）

I need to take October 27 off.

Requesting（依頼）

　このストラテジーの基本表現は *I need*（〜が必要です）で、「必要性」を述べることにより、間接的に相手に「依頼」を行っています。相手の意思を尋ねるのではなく、自分が必要とする物事を論理的に説明して相手に納得してもらうような場合に使用すべき表現です。自分にとっての「必要性」を相手に投げかけているだけですので、最終決定権は相手にあります。ですので、疑問文に近い「相手への配慮」は実現されていると考えることができます。

　3) では、*I think I deserve*（私には〜がふさわしいと考えます）が使われ、客観的な価値判断を示すことによって間接的な「依頼」がなされています。このような場合には、疑問文で相手の意思を尋ねるよりもふさわしい表現だといえます。

　最後に、[8]「基本表現（仮定形＋平叙文）」を以下にご紹介します。

[8]「基本表現（仮定形＋平叙文）」　　　　　　　MP3 110

1) I was wondering if I could borrow your notes from English.
   （あなたの英語のノートを貸してもらえないかと思っていたのですが。）
2) I was wondering if you could help me look for the book.
   （その本を捜すのを手伝っていただけないかと思っていたのですが。）
3) I would like a soda and a glass of water.
   （ソーダと水を１杯ずつください。）

　1) と 2) は、非常に丁寧な依頼表現の「I was wondering if + 仮定形の助動詞」を使用した例です。*I wonder if* というのは自問的な表現で、「私は〜かどうかと思う」という意味です。相手に意思を問うこともせず、「私は〜が可能かもしれないかどうかと思っていた」という「過去の時点での自問」を発しているだけですので、非常に控えめな表現です。*I was wondering if* を取り去って疑問文にすれば、

普通に *Could I/you ...?* になるので、これら以上に丁寧な表現だと考えられます。しかしながら、話し相手が友人の場合でも、相手に遠慮がちにものを頼みたい場合には使用できる表現ですから、バリエーションの一つとしてぜひ覚えておいてください。

　3)の方は、仮定形の助動詞の *would* が使用されていますが、こちらはお店での食べ物の「注文」の際によく使われる、どちらかといえばカジュアルな表現です。（前述の「Command、Order、Requestの違い」を参照してください。）

Requesting（依頼）

(B) 〜色々な場面でのストラテジーの組み合わせ〜

Requestingで使用される様々な言語ストラテジーは以上でお分かりいただけたことと思います。さあ次は、どのような場面で、どのようなストラテジーが組み合わされるのか、最終段階の学習を開始しましょう。

使用された場面 （5回以上出てきたもの）	
1. Lending ものを貸してもらいたい時	35
2. Favor 相手に何かしてもらいたい時	30
3. Drink/Food 食べ物や飲み物を（分けて）欲しい時	15
4. Money お金を貸してもらう時	15
5. Off 休暇や時間が欲しい時	11
6. Thing ものが欲しい、取ってもらいたいなどの時	10
7. Permission 許可が欲しい時	9
8. Information 情報が欲しい時	5

以上が、アメリカ・ミズーリ州の大学生たちがRequestを行う日常の場面です。日本の大学生たちが依頼をする場面とあまり変わらないように思います。

Requesting（依頼） レクチャー編

　それでは、実際の場面と会話ストラテジーの組み合わせをいくつかご紹介しましょう。

1. 基本表現 (疑問文) ＋ 支援的手段 (依頼の理由)　　MP3 111

Situation（場面）	Utterances（発言）	Strategy（ストラテジー）
I need a ride to school. （学校に送ってもらう場面）	Hey Stephanie, my car won't start. （ねえステファニー、私の車動かないの。）	支援的手段 （依頼の理由）
	Can you give me a ride? （送ってくれない？）	基本表現 （疑問文）

　この例は、頻出のストラテジー同士の組み合わせです。最初に依頼をする理由を述べ、その次に法助動詞を用いた疑問文を用いて依頼を行っています。最初の呼びかけの *Hey Stephanie* は、「依頼」では少しカジュアルすぎるのではないかと思われるかもしれませんが、アメリカ英語、特に親しい間柄では、普通に使われている呼びかけ表現です。

Requesting（依頼）

2. 基本表現（仮定形＋疑問文） + 支援的手段（依頼の理由）　MP3 112

Situation（場面）	Utterances（発言）	Strategy（ストラテジー）
I ask Julie to help me with my homework. （宿題を手伝ってもらう場面）	Hey Julie, I don't understand my math homework! （ねえジュリー、数学の宿題がわからないの。）	支援的手段 （依頼の理由）
	Would you mind helping me? （手伝ってくれない？）	基本表現 （仮定形＋疑問文）

　この例も、頻出のストラテジー同士の組み合わせで、依頼をする理由を述べた後に法助動詞の仮定形を用いた疑問文を用いて依頼を行っています。こちらでも Hey Julie という呼びかけで始まっています。Would you mind は丁寧さの度合いが高い表現ですが、日本語の敬語や敬意表現の丁寧さとは異なり、「相手への気遣い」という点で丁寧さが高い表現です。ですので、このように親しい友人の間でもよく使用されるのです。

MP3 113

3. 基本表現（仮定形＋疑問文＋please） + 支援的手段（依頼の理由）

Situation（場面）	Utterances（発言）	Strategy（ストラテジー）
Requesting permission to open the window. （窓を開ける許可をもらう場面）	Greg, could you please open the window? （グレッグ、窓を開けてもらってもいいかな？）	基本表現 （仮定形＋疑問文 ＋please）
	It's getting quite warm in here. （ここ、とても暑くなっていてね。）	支援的手段 （依頼の理由）

Requesting（依頼）　レクチャー編

　この例では、依頼の理由を述べる部分が基本表現の後に来ています。これはどちらでも構いませんが、先に理由を述べるパターンがより多く見受けられます。ここでも *Could you please* とかなり丁寧さは高いですが、友人間の軽い頼みごとに使われています。ぜひこれらの丁寧さの度合いが高い基本表現も実際に使えるように覚えておきましょう。

　"here" は副詞で、本来は in などの前置詞は不要ですが、口語英語ではこの "in here" はよく聞かれる表現です。

(C) 会話の中での Requesting

　次は、会話の中でどのような場面でどのように Requesting が用いられるか、またどのように受け答えがなされるかを、「スピーチアクト・コーパス」のデータからご紹介しましょう。

1. ものを貸してもらいたい時の依頼

1-a「電卓を貸してほしい時の依頼」　MP3 114

I:　Hey, Beth, can I borrow your calculator? I can't do this math problem in my head.

Beth:　Yeah, sure. Here you go.

I:　Thank you.

私：　ねえ、ベス、あなたの電卓貸してもらえないかしら。この数学の問題、暗算ではできなくって。

ベス：ええ、いいわよ。さあどうぞ。

私：　ありがとう。

Requesting（依頼）

　まずは「依頼」のための言語ストラテジーの方ですが、この人はCan I ...? の基本ストラテジーと「依頼の理由」の説明を組み合わせています。依頼を受け入れてもらった後で、この人は *Thank you* と感謝の意を述べています。これも忘れずにできるようにしておきたいですね。

　Beth の *Sure*（いいですよ）は、相手の依頼を受け入れる場合の主要定型表現の一つです。英語で相手に依頼を受けた場合のために覚えておいてください。

1-b「自動車を貸してほしい時の依頼」　MP3 115

I:　Mom, can I use your car tonight? I don't have enough gas in mine.

Mom:　No, but you can have a few dollars to fill your car up.

I:　Thanks, Mom.

私:　お母さん、今夜車を貸してもらえないかしら。私の車、ガソリンを入れていなくって。

お母さん:　駄目よ、でもガソリン代として何ドルかあげるわ。

私:　お母さん、ありがとう。

　この例では、理由の部分は because で基本表現につけられています。このように、人に依頼する時には「理由の説明」を忘れぬようにしましょう。この例では、お母さんは依頼そのものは断っていますが、その代わりとなる提案を but 以下でしています。結果的には良い形で問題を解決してもらったようです。

111

Requesting（依頼）　レクチャー編

2. 相手に何かしてもらいたい時の依頼

MP3 116

2-a「遅れて課題を提出することに対して許可を出してほしい時の依頼1」

I:　Hi, Professor Templeton.
Prof.:　Hello, Shandellica.
I:　As you know, I missed class the other day.
Prof.:　Yes, I noticed. What happened?
I:　I was really sick and needed to go to the doctor. Would it be possible for me to make up the assignment?
Prof.:　With a verified doctor's note, I see no reason why not.
I:　Thank you!
Prof.:　I'll email you the assignment.

私：　テンプルトン先生、こんにちは。
先生：　こんにちは、シャンデリカ。
私：　ご承知の通り、先日の授業を欠席してしまいました。
先生：　そうでしたね。どうしたのですか？
私：　とても具合が悪くって、お医者さんに行かなければならなかったんです。期限後の課題提出を認めていただくことは可能ですか？
先生：　お医者さんの診断書があれば、可能でない理由はありませんよ。
私：　ありがとうございます！
先生：　メールであなたに課題を送ってあげましょう。

　こちらは、「依頼」の前後の一連の流れが含まれている貴重な例です。(1)挨拶、(2)前置きの部分（*As you know, I missed class the other day.*）、(3)「理由＋依頼表現」、(4)依頼を受け入れてもらったことに関する感謝、の4つのパートが示されています。前述の

Requesting（依頼）

様々な基本表現の中には含まれていませんでしたが、*Would it be possible for me to …?* は *Can/Could I …?* の別バージョンとして使用することができます。形式主語の It – for – to -- を使用することにより、*Can/Could I …?* よりも「客観的」な姿勢で「可能性」について尋ねています。

　Professor Templeton の、*With a verified doctor's note, I see no reason why not.* は、「二重否定 (= double negation)」(<u>no</u> reason why <u>not</u>) を含んでいることもあり、少し理解が難しい答えになっていますが、「こういう条件であれば、認めますよ」と条件付きの依頼承諾をしています。留学中はこのようなことも起こりうるので、欠席の場合の「理由の証明」はきちんと用意しておくようにしましょう。（日本の大学でも同じですよ！）

MP3 117

2-b 「遅れて課題を提出することに対して許可を出してほしい時の依頼2」

I:　Professor Jackson, may I have a little more time to finish my paper?

Prof.:　I'm sorry, but I will not accept any late assignments.

I:　I see.

私：　ジャクソン先生、課題提出の期限を少し延長してもらってもよろしいでしょうか。

先生：申し訳ないが、期限後の課題提出を受けるつもりはありません。

私：　わかりました。

　こちらの依頼は残念ながら却下されていますが、Professor Jackson の *I'm sorry, but …* は「思いやりのある拒絶表現」としてぜひ覚えておいてください。これを使えば、直接的に No を使わなく

Requesting（依頼）　レクチャー編

とも、相手は「拒否された」ことを理解してくれます。いわば、「拒否マーカー」といえる表現です。*I'm sorry, but* の後にはしばしば *I'm afraid*（[ネガティブな内容]と思う）が来ます。*I'm sorry, but* を省いて *I'm afraid …* / *I'm afraid not.* だけでも「拒否マーカー」として使用できます。相手の依頼を拒否しなければならない場合の丁寧な表現として使えるようにしておきましょう。

2-c 「飲食物を取ってきてほしい時の依頼」　MP3 118

I: Hey, Courtney! Would you mind picking up some milk and bread for me?

Courtney: No problem!

私： ねえ、コートニー。私にミルクとパンを取ってきてもらってもいい？

コートニー： おやすいご用！

　先に、相手の依頼を受け入れる場合の主要定型表現として *Sure* をご紹介しましたが、こちらの *No problem* も良く使われます。バリエーションの一つとして覚えておきましょう。

　多くの依頼の基本表現が Yes-No question（YesかNoを答えとして求めている疑問文）であるのに、*Sure*（いいですよ）や *No problem*（かまいませんよ）が答えとして使われるのは、これらの基本表現が、表面上の意味内容で捉えられるのではなく、英語を使用する社会で共通的に認識された定型的(= formulaic)な「依頼表現」として理解されているからです。ですので、英語ネイティブ話者は、*Can I/you …*、*Would you mind …* といった決まり文句(= formulaic expression)を聞いた瞬間に「ああ、相手は何か依頼した

Requesting（依頼）

いのだな」と理解するわけです。（また、これを言う方もそのつもりで言っています。）ですので、*Yes, I can. / No, you couldn't* などの部分は省略し、承諾する場合は *Sure* や *No problem*、拒否する場合は *I'm sorry, but* などで答えているというわけです。言語学では、このように形式的な受け答えを adjacency pair（隣接ペア）と呼んでいます。英語で自然な受け答えするためには、これらスピーチアクトごとに定まっている定型的な応答表現を学んでおく必要があります。

2-d「車で家まで送ってほしい時の依頼」　MP3 119

I: Hey Lara, do you think you could give me a ride home this weekend?

Lara: Not a problem, my dear. What time do you get out of class on Friday?

I: 12:50.

Lara: Okay, I get out at 2:50, so we can leave then. Is that cool?

I: Sounds good. I appreciate it.

私：　ねえ、ララ、この週末、車で私を自宅まで送ってもらうことは可能？

ララ：　もちろん大丈夫よ。あなたの金曜日の授業、何時に終わるの？

私：　12時50分。

ララ：　わかった。私は2時50分に終わるから、それから出発しましょう。それでいい？

私：　もちろん。よかった。ありがとう。

115

Requesting（依頼） レクチャー編

　この例では、依頼の基本表現として *do you think you could* が用いられています。直訳すると「あなたが〜することは可能と仮定できると思いますか」になり、*Could you*（あなたが〜することは可能と仮定できるでしょうか）よりもさらに一歩引いた、相手に対する配慮をより強く示した表現になります。

　この例での応答は、*No problem* の別の言い方の *Not a problem* になっています。実際に耳にすると、アメリカ英語に特有のliaison（連結発音）によって「ナラプロブレム」のように聞こえます。

　コアな部分の後にアメリカ英語特有の表現が出てきていますので、そちらにも焦点を当ててみましょう。*Is that cool?* は直訳すると「それってかっこいい？」となりますが、この *cool* は *good*、*fine*、*nice* などの強意表現として良く使用されます。アメリカでは頻繁に耳にする表現です。最後の *(That) Sounds good/great*（良い／素晴らしいように聞こえます）は、Invitation（招待）や Offer（提供）などのスピーチアクトに対する応答として良く使用される表現です。

3. お金を貸してもらいたい時の依頼

3-a 「外出に必要なお金を貸してもらいたい時の依頼1」　　MP3 120

I: Mo, can I please borrow $20 to go out tonight?
Mo: Sure. When will you pay me back?
I: When I get back in town next week. Thanks.

私：　モー（モーゼス）、今夜外出するのに20ドルほど貸してくれないかな。
モー：　ああ、いいよ。いつ返してくれるんだい？

Requesting（依頼）

私： 来週戻ってきた時にかえすよ。ありがとう。

　会話例の最後の「場面」は、「お金を借りたい時」です。一時訪問の外国人として滞在している場合にはあまり遭遇しない場面ですが、長期滞在になった場合には親しくなった友人との間で貸す側にも借りる側にもなり得ます。その時のためにも依頼の仕方と応答の仕方を学んでおきましょう。

　上の例では、「いつお金を返すか」の情報が欠如しているために、相手にその部分を聞かれています。丁寧なお願いにするためには、やはり「返済／返還の約束」は依頼するのと同時にしておきたいものです。

3-b「外出に必要なお金を貸してもらいたい時の依頼２」

I:　Mom, may I borrow a little money to go out with my friends?
Mom:　How much do you need?
I:　Just enough for dinner and a movie.
Mom:　Will twenty dollars work?
I:　Yes, thanks. Love you.

私：　お母さん、友達と出かけるためのお金を少し貸してもらってもいい？
お母さん：　いくら必要なの？
私：　夕食と映画に必要な分だけ。
お母さん：　20ドルあれば十分？
私：　うん、ありがとう。お母さん大好き。

　こちらの例では、3-aとは少し違った形で「情報の欠如」が見られます。お母さんに対する「遠慮」や「甘え」からの「情報の欠如」といっ

Requesting（依頼） レクチャー編

た感じでしょうか。親子のやり取りのパターンを垣間見ることができます。お母さんの 2 つの問いの、*How much do you need?*、*Will twenty dollars work?* に対する答えは、他人同士であれば当然依頼の中心部分に含まれているべきものです。**私**からは「お願いごとがあれば、それを察してケアしてくれますよね。」といった姿勢が感じ取れます。それゆえ、お母さんがきちんとそのパターンにのっとってお願いを受け入れてくれると、*Love you* という「愛情表現」でお母さんの優しさに報いています。

(D) 〜コロケーション（語句の組み合わせ）〜

最後にこのスピーチアクトでの「キーワード」の、丁寧さの指標 (Politeness marker) の please の使い方を、Wordsmith のコンコーダンス機能を使って分析してみましょう。

[PLEASE]

May Would Could Can	I you	PLEASE	have borrow

参考：Wordsmith による言語使用パターン分析結果 (please)

N	L2	L1	Centre	R1
1	MAY	I	PLEASE	HAVE
2	WOULD	YOU		BORROW
3	COULD			
4	CAN			

上の分析結果からわかるように、「基本表現（法助動詞を使った

Requesting（依頼）

疑問文）」＋please｝ というパターンがはっきりと出てきます。とても見事な分析結果で、私自身が驚いているぐらいです。これからは、このような疑問文での please の用法をしっかり覚えておいていただければ、と思います。(「命令文＋please」は丁寧さに少し欠ける表現です。)

Requesting（依頼）　トレーニング編

「レクチャー編」の学習、ご苦労様でした。さあ、ここまで学んだ表現を、この「トレーニング編」で実際に使えるようにしていきましょう。目指せ、「英語スピーチアクトの達人」！

Stage 1（基本表現をマスターしましょう）

[A] CDと一緒に発音してみましょう。

1) Will you … ?

2) a) Can I … ?
   b) Can you … ?

3) Would you … ?

4) a) Could I … ?
   b) Could you … ?

5) May I … ?

6) Would you mind … ?

[B] CDと一緒に発音してみましょう。その後で、それぞれどのような意味か（答え）で確認しましょう。

1) Will you pass me the salt?

2) Can I borrow your "Avator" DVD for the day?

3) Can you give me a ride to school?

4) Would you please let me know if you are coming tomorrow night?

Requesting（依頼）

5) Mom, could I have some money?

6) Could you please repeat the answer?

7) May I please have a new piece of paper?

8) Would you mind lending me some money for lunch?

（答え）

1) 塩を取ってくれる？
2) 君の『アバター』のDVDを1日借してもらえるかな？
3) 学校まで車に乗せていってくれませんか？
4) 明日の晩、来られるかどうか、教えてもらえますか？
5) お母さん、少しお金をもらってもいいですか？
6) もう一度答えを繰り返していただけますか？
7) 一枚新しい紙をいただいてもよろしいでしょうか？
8) 昼食代を貸してもらってもいいでしょうか？

Stage 2（基本表現＋基本ストラテジーをマスターしましょう）

Requesting（依頼）の基本ストラテジーの「依頼の理由」の述べ方を練習しましょう。日本語の意味に対応するように、英語で言ってみましょう。その後でCDを聞きながら繰り返しましょう。

1) 見えないので　　（Hint: becauseに続けて）

2) 十分な時間がないので　　（Hint: becauseに続けて）

3) 財布を家においてきてしまいました

4) ここは寒いです

Requesting（依頼）トレーニング編

（答え）

1) --- because I can't see
2) --- because I don't have enough time
3) I left my wallet at my house.
4) It's cold in here.

Stage 3（様々なストラテジーと組み合わせ方をマスターしましょう）

(A) 〜色々なストラテジー〜

1．「基本表現（疑問文）」

[A] CDと一緒に発音してみましょう。

1) Can I use your hair dryer?
2) Can you give me a ride to school?
3) Is it all right if I go out tonight?
4) May I go out with my friends tonight?
5) Will you play that new country song for me?

[B] 日本語の意味に対応するように、英語で言ってみましょう。その後でCDを聞きながら繰り返しましょう。

1) 今夜外出してもいいですか？ （Hint: 法助動詞を使わずに）
2) あの新しいカントリーソングを弾いてくれますか？
 (Hint: will を使って)
3) あなたのヘアドライヤーを使ってもいいですか？
 (Hint: can を使って)
4) 学校まで車に乗せてってもらえますか？
 (Hint: can を使って)
5) 今夜友人たちと外出してもいいですか？
 (Hint: may を使って)

Requesting（依頼）

（答え）

1) Is it all right if I go out tonight?
2) Will you play that new country song for me?
3) Can I use your hair dryer?
4) Can you give me a ride to school?
5) May I go out with my friends tonight?

２．「基本表現（仮定形＋疑問文）」

[A] CD と一緒に発音してみましょう。

1) Could I borrow some money?
2) Could you turn the lights off?
3) Would you care if I used your straightener?
4) Would you mind helping me?
5) Would you mind if I ate the last apple out of the fridge?

[B] 日本語の意味に対応するように、英語で言ってみましょう。その後で CD を聞きながら繰り返しましょう。

1) 手伝っていただいてもよろしいですか？
　　　　　　　　　　　　　　　　（Hint: would を使って）
2) 明かりを消していただけますか？　（Hint: could を使って）
3) あなたのストレートナー(髪をまっすぐに伸ばす道具)を使っても構いませんか？　（Hint: would を使って）
4) 少しお金を貸していただけますか？　（Hint: could を使って）
5) 冷蔵庫の最後のリンゴを食べても構いませんか？
　　　　　　　　　　　　　　　　（Hint: would を使って）

Requesting（依頼） トレーニング編

（答え）

1) Would you mind helping me?
2) Could you turn the lights off?
3) Would you care if I used your straightener?
4) Could I borrow some money?
5) Would you mind if I ate the last apple out of the fridge?

3.「基本表現（疑問文＋please）」

[A] CDと一緒に発音してみましょう。

1) Can I please borrow that shirt to wear tonight?
2) Can you turn the light off so I can go to bed, please?
3) May I have a free sample, please?
4) May I please go to the movies?

[B] 日本語の意味に対応するように、英語で言ってみましょう。その後でCDを聞きながら繰り返しましょう。

1) 映画を見に行ってもよろしいでしょうか？
(Hint: may と please を使って)

2) 無料サンプルをいただいてもよろしいでしょうか？
(Hint: may と please を使って)

3) あのシャツ、今夜着ていくのに借りてもいいでしょうか？
(Hint: can と please を使って)

4) 私が眠れるように明かりを消していただいてもいいでしょうか？
(Hint: can と please を使って)

Requesting（依頼）

（答え）

1) May I please go to the movies?
2) May I have a free sample, please?
3) Can I please borrow that shirt to wear tonight?
4) Can you turn the light off so I can go to bed, please?

4．「基本表現（仮定形＋疑問文 +please)」

[A] CD と一緒に発音してみましょう。

1) Could I please stay out an hour later tonight?
2) Could you pass me the ketchup, please?
3) Would you please turn the music down?

[B] 日本語の意味に対応するように、英語で言ってみましょう。その後で CD を聞きながら繰り返しましょう。

1) ケチャップをまわしていただけませんか。お願いします。
　　　　　　　　　　　　　　　(Hint: could と please を使って)
2) お願いですから音楽の音量を下げていただけませんか？
　　　　　　　　　　　　　　　(Hint: would と please を使って)
3) お願いですから今夜は１時間だけ遅くまで外出させていただけませんか。
　　　　　　　　　　　　　　　(Hint: could と please を使って)

（答え）

1) Could you pass me the ketchup, please?
2) Would you please turn the music down?
3) Could I please stay out an hour later tonight?

Requesting（依頼） トレーニング編

5.「支援的手段（返済／返還の約束）」

[A] CDと一緒に発音してみましょう。

1) I'll give it back right after class.
2) I'll pay you back when I see you tomorrow.
3) I'll pay you back when I get paid.
4) I promise I will cover your shift next week.

[B] 日本語の意味に対応するように、英語で言ってみましょう。その後でCDを聞きながら繰り返しましょう。

1) 授業が終わったら、それをすぐに返します。
2) 給料が出たらお金を返します。
3) 明日会った時にお金を返します。
4) あなたの来週の勤務時間は私が勤めることを約束します。

（答え）

1) I'll give it back right after class.
2) I'll pay you back when I get paid.
3) I'll pay you back when I see you tomorrow.
4) I promise I will cover your shift next week.

6.「基本表現（平叙文）」

[A] CDと一緒に発音してみましょう。

1) I need a closer seat.
2) I need to take October 27 off.
3) So I think I deserve a pay raise.

Requesting（依頼）

[B] 日本語の意味に対応するように、英語で言ってみましょう。その後で CD を聞きながら繰り返しましょう。

1) もっと近い席が必要です。
2) １０月２７日は仕事を休むことが必要です。
3) ですので、私には賃上げがふさわしいと考えます。

（答え）　　　　　　　　　　　　　　　　MP3 136

1) I need a closer seat.
2) I need to take October 27 off.
3) So I think I deserve a pay raise.

7.「基本表現（仮定形＋平叙文）」

[A] CD と一緒に発音してみましょう。　MP3 137

1) I was wondering if I could borrow your notes from English.
2) I was wondering if you could help me look for the book.
3) I would like a soda and a glass of water.

[B] 日本語の意味に対応するように、英語で言ってみましょう。その後で CD を聞きながら繰り返しましょう。

1) ソーダと水を１杯ずつください。　（Hint: would を使って）
2) その本を捜すのを手伝っていただけないかと思っていたのですが。　（Hint: wondering を使って）
3) あなたの英語のノートを貸してもらえないかと思っていたのですが。　（Hint: wondering を使って）

Requesting（依頼） トレーニング編

（答え）

1) I would like a soda and a glass of water.
2) I was wondering if you could help me look for the book.
3) I was wondering if I could borrow your notes from English.

(B) 〜色々な場面でのストラテジーの組み合わせ〜

※今度は、Utterances（発言）の日本語の部分を英語で言ってみてください。その後でCDを聞き答えを確認すると共に、後に続いて繰り返して練習してください。

1. 基本表現(疑問文) + 支援的手段(依頼の理由)

Situation（場面）	Utterances（発言）	Strategy（ストラテジー）
学校に送ってもらう場面	(A) ねえステファニー、私の車動かないの。	支援的手段(依頼の理由)
	(B) 送ってくれない？	基本表現(疑問文)

（答え）

(A) Hey Stephanie, my car won't start.
(B) Can you give me a ride?

Requesting（依頼）

2. 基本表現（仮定形＋疑問文）＋ 支援的手段（依頼の理由）

Situation（場面）	Utterances（発言）	Strategy（ストラテジー）
宿題を手伝ってもらう場面	(A) ねえジュリー、数学の宿題がわからないの。	支援的手段（依頼の理由）
	(B) 手伝ってくれない？	基本表現（仮定形＋疑問文）

（答え）

(A) Hey Julie, I don't understand my math homework!
(B) Would you mind helping me?

MP3 140

3. 基本表現（仮定形＋疑問文＋please）＋ 支援的手段（依頼の理由）

Situation（場面）	Utterances（発言）	Strategy（ストラテジー）
窓を開ける許可をもらう場面	(A) グレッグ、窓を開けてもらってもいいかな？	基本表現（仮定形＋疑問文＋please）
	(B) ここ、とても暑くなっていてね。	支援的手段（依頼の理由）

（答え）

(A) Greg, could you please open the window?
(B) It's getting quite warm in here.

MP3 141

Requesting（依頼）　トレーニング編

(C) 会話の中での Requesting

※それでは、Requesting（依頼）の仕上げに、会話でやり取りできる実力を磨きましょう。まず [1] は、I になって、ストラテジーを組み合わせて相手に依頼をしてください。その次に [2] で相手の役になって、依頼に対して受け答えをしてください。

1. ものを貸してもらいたい時の依頼

1-a「電卓を貸してほしい時の依頼」

私：　　ねえ、ベス、あなたの電卓貸してもらえないかしら。この数学の問題、暗算ではできなくって。

ベス：　ええ、いいわよ。さあどうぞ。

私：　　ありがとう。

〔1〕MP3 142　〔2〕MP3 143

I:　　Hey, Beth, can I borrow your calculator? I can't do this math problem in my head.

Beth:　Yeah, sure. Here you go.

I:　　Thank you.

1-b「自動車を貸してほしい時の依頼」

私：　　　お母さん、今夜車を貸してもらえないかしら。私の車、ガソリンを入れていなくって。

お母さん：駄目よ、でもガソリン代として何ドルかあげるわ。

私：　　　お母さん、ありがとう。

Requesting（依頼）

〔1〕MP3 144　〔2〕MP3 145

I:　Mom, can I use your car tonight? I don't have enough gas in mine.

Mom:　No, but you can have a few dollars to fill your car up.

I:　Thanks, Mom.

2. 相手に何かしてもらいたい時の依頼

2-a「遅れて課題を提出することに対して許可を出してほしい時の依頼1」

私：　テンプルトン先生、こんにちは。

先生：　こんにちは、シャンデリカ。

私：　ご承知の通り、先日の授業を欠席してしまいました。

先生：　そうでしたね。どうしたのですか？

私：　とても具合が悪くって、お医者さんに行かなければならなかったんです。期限後の課題提出を認めていただくことは可能ですか？

先生：　お医者さんの診断書があれば、可能でない理由はありませんよ。

私：　ありがとうございます！

先生：　メールであなたに課題を送ってあげましょう。

〔1〕MP3 146　〔2〕MP3 147

I:　Hi, Professor Templeton.

Prof.:　Hello, Shandellica.

I:　As you know, I missed class the other day.

Prof.:　Yes, I noticed. What happened?

I:　I was really sick and needed to go to the doctor. Would it be possible for me to make up the assignment?

Prof.: With a verified doctor's note, I see no reason why not.
I: Thank you!
Prof.: I'll email you the assignment.

2-b「遅れて課題を提出することに対して許可を出してほしい時の依頼２」

私： ジャクソン先生、課題提出の期限を延長してもらってもよろしいでしょうか。

先生： 申し訳ないが、期限後の課題提出を受けるつもりはありません。

私： わかりました。

I: Professor Jackson, may I have a little more time to finish my paper?
Prof.: I'm sorry, but I will not accept any late assignments.
I: I see.

Requesting（依頼）

2-c「飲食物を取ってきてほしい時の依頼」

私： ねえ、コートニー。私にミルクとパンを取ってきてもらってもいい？

コートニー： おやすいご用！

〔1〕MP3 150 〔2〕MP3 151

I: Hey, Courtney! Would you mind picking up some milk and bread for me?

Courtney: No problem!

2-d「車で家まで送ってほしい時の依頼」

私： ねえ、ララ、この週末、車で私を自宅まで送ってもらうことは可能？

ララ： もちろん大丈夫よ。あなたの金曜日の授業、何時に終わるの？

私： 12時50分。

ララ： わかった。私は2時50分に終わるから、それから出発しましょう。それでいい？

私： もちろん。よかった。ありがとう。

〔1〕MP3 152 〔2〕MP3 153

I: Hey Lara, do you think you could give me a ride home this weekend?

Lara: Not a problem, my dear. What time do you get out of class on Friday?

I: 12:50.

Lara: Okay, I get out at 2:50, so we can leave then. Is that cool?

I: Sounds good. I appreciate it.

Requesting（依頼） トレーニング編

3. お金を貸してもらいたい時の依頼

<u>3-a「外出に必要なお金を貸してもらいたい時の依頼１」</u>

私： モー（モーゼス）、今夜外出するのに20ドルほど貸してくれないかな。

モー： ああ、いいよ。いつ返してくれるんだい？

私： 来週戻ってきた時にかえすよ。ありがとう。

〔1〕 MP3 154 〔2〕 MP3 155

I: Mo, can I please borrow $20 to go out tonight?
Mo: Sure. When will you pay me back?
I: When I get back in town next week. Thanks.

<u>3-b「外出に必要なお金を貸してもらいたい時の依頼２」</u>

私：お母さん、友達と出かけるためのお金を少し貸してもらってもいい？

お母さん：いくら必要なの？

私：夕食と映画に必要な分だけ。

お母さん：20ドルあれば十分？

私：うん、ありがとう。お母さん大好き。

〔1〕 MP3 156 〔2〕 MP3 157

I: Mom, may I borrow a little money to go out with my friends?
Mom: How much do you need?
I: Just enough for dinner and a movie.
Mom: Will twenty dollars work?
I: Yes, thanks. Love you.

「思い出の requesting」
"Excuse me. Do you know where McDonald's is?"

　イタリア旅行でヴェネツィア（ヴェニス）を訪れていた時のことです。ヴェネツィアの市街を散策し、ドゥオーモ（大聖堂）に向かっていたところ、いきなり向かい側を歩いていた女の子から "Excuse me. Do you know where McDonald's is?"「すみません、マクドナルドはどこにあるか知ってますか？」とアメリカ英語で聞かれました。このような青天の霹靂の「情報提供の依頼」に不意を突かれたものの、何とか "I haven't seen any McDonald's on my way here."「ここに来るまでは見ませんでしたよ。」と答えを返しました。後から思い返してみて、この出来事がますます不思議に思えました。つまり、「イタリア・ヴェネツィアで」、「アメリカ人が」、「マクドナルドの所在地を」、「日本人に」尋ねてきたことが信じがたいことだと思えてなりませんでした。

　この件の不思議さはいまだに解消されていませんが、実は私はアメリカの方々と相性が良いのか、色々な場所でアメリカ人に話しかけられます。南イングランド旅行でストーンヘンジ (Stonehenge) に向かおうとソールズベリー (Salisbury) の駅でバス停を探していました。すると、息子さんを連れた女性からアメリカ英語で "Do you know which bus goes to stonehenge?"「ストーンヘンジにはどのバスで行けばいいの？」と尋ねられました。聞けば、やはりアメリカから観光旅行に来た方々でした。私自身がそのバスを探していたのでびっくりしましたが、ガイドブックのおかげで無事にストーンヘンジ行のバスの停留所を見つけることができました。バスの中では、息子さんとサッカーの話題で盛り上がりました。また、この旅

行でシェークスピアの故郷であるストラトフォード・アポン・エイヴォン (Stratford-upon-Avon) で庭園を訪れた際にも、アメリカ人の老夫妻から話しかけられ、旅先での出会いとひとときの会話を楽しませていただきました。

　イングランド滞在中に街中でイングランドの人たちに話しかけられたことがほとんどなかったことを考えると、これはとても貴重な文化体験だったことだと思います。私自身の考察では、前述のアメリカの「ポジティブ・ポライトネス」とイングランドの「ネガティブ・ポライトネス」でしか説明がつかない事象です。統計などの科学的根拠があるわけでもありませんが、私自身の実体験としてアメリカの「ポジティブ・ポライトネス」とイングランドの「ネガティブ・ポライトネス」を感じた一連の出来事でした。

　次回はどこでどのような形でアメリカの方に話しかけてもらえるのか、ひそかに楽しみにしています。

Inviting（招待）

Inviting（招待）　レクチャー編

　Inviting（招待）は、相手を招くスピーチアクトです。基本的には「相手のため」になるスピーチアクトですが、他のスピーチアクトと同様に話し手の「配慮」を示すことが必要です。どのようにすれば相手に対する「配慮」を示しながらよい招待ができるのでしょうか。ここで学んでいきましょう。

Stage 1（基本表現を学びましょう）

[初級レベル／ Basic level]

◇ 基本表現1

　Do you want to (/ wanna[10]) ...?

◇ 基本表現2

　Would you like to ...?

　このスピーチアクトでも、Requesting（依頼）と同様に、疑問文が主な基本表現になります。Requestの場合は「相手に負担をかける」ので、話しかける相手の意向や可能かどうかを疑問文で尋ねるのが基本でした。Inviteの場合は基本的に「相手のためになる」と考えられますが、自分の家に来てもらったり、どこかにいっしょに行ってもらったりする際には「負担」が多少なりとも生じます。それ故Requestと同じように相手の意向を尋ねる疑問文が多用される訳です。

---

[10]wannaは、きわめて親しい相手以外には使用しない方が良い表現です。私のデータではとてもよく出てくるので、参考までにご紹介する次第です。

Inviting（招待）レクチャー編

　「基本表現1」の Do you want to (I wanna) …? と「基本表現2」の Would you like to …? を比較すると、仮定形の法助動詞 would が使われている「基本表現2」の方がより丁寧な言い方です。しかし、こちらも友人間で普通に使用される頻出の定型表現です。日本語の敬語や敬意表現が表す相手への配慮と、英語の法助動詞や仮定形によって表される相手への配慮は異なりますので、友人や年下相手でも丁寧に誘いたい場合は Would you like to come …? を使ってください。

　それぞれの基本表現が実際の場面でどのように使われているか、スピーチアクト・コーパスの中の例をみてみましょう。

基本表現1

MP3 159

1) Do you want to come along?
　　　　　　　　（一緒に来たい？）
2) Do you want to go to the movies with us?
　　　　　　　　（私たちと一緒に映画に行きたい？）
3) Do you want to go down to the Billiard Center with us?
　　　　　　　　（私たちと一緒にビリヤードセンターに行きたい？）
4) Do you want to come up to my room and watch a movie?
　　　　　　　　（私の部屋に来て映画を見たい？）

Do you want to come along?

Inviting（招待）

　ご覧のように、自分のところに招待する場合は、*come* を、どこか別のところにいっしょに行く場合には *go* が一般的に使用されますが、例外的に *come* の代わりに *go* が使われる場合もあります。

　Come along（一緒に行く／来る）、*go down to*（[賑やかなところ] へ行く）、*come over to*（[自分のところに] やってくる）など、副詞を伴った慣用表現もぜひ覚えておきたいところです。

基本表現 2

1) Would you like to join us for lunch?
（お昼、私たちと一緒にどうですか？）

2) Would you like to come to my party on the 18th?
（18 日の私の所のパーティー、来たいですか？）

3) Would you like to come watch a movie tonight?
（今夜私の所に来て映画を見たいですか？）

4) Would you like to go fishing later?
（後で釣りに行きたいですか？）

Would you like to join us for lunch?

　3) の *come watch* のように、アメリカ口語英語では *come* や *go* の後に原形動詞がよく来ます。「〜しに来る／行く」という意味になります。もちろん我々非ネイティブ英語話者は、*come to watch*、*go to eat* など学校で習った表現を使えば大丈夫です。4) の *go fishing* はこれ自体がすでに慣用句になっているので、*go fish* にはなりません。

Inviting（招待） レクチャー編

　しかしながら、本当に「相手のために誘っている」場合には、これら疑問文ではなく、

　　You should come. （君は来るべきだよ。）

　　You can come. （来てもいいよ。）

のように、modal auxiliary（法助動詞）を使った平叙文を使うこともできます。

Stage 2（基本表現＋基本ストラテジーを学びましょう）

[中級レベル／Intermediate level]

MP3 161

◇ 招待するイベントの説明

1) I'm having a party tomorrow at my house.
（明日、私の家でパーティーを開きます。）

2) Bob is having a party at his place.
（ボブが自分の家でパーティーを開くんだ。）

3) Nicki's birthday party is Saturday at 1:00 p.m.
（ニッキの誕生パーティーが土曜日の午後1時にあります。）

4) My graduation is this Saturday at three o'clock.
（私の卒業式が今週土曜日の3時からあります。）

I'm having a party tomorrow at my house.

Inviting（招待）

　「招待」のスピーチアクトでは、「なぜ招待するのか、どのようなイベントに招待するのか」を説明することが重要です。これは日本語でも同じで、「何に招待されているかわからない」状態では、招待の受けようがありません。「招待するイベントの説明」が基本表現に含まれている場合も多く見受けられますが、上の例のように別の文として独立している場合も多数あります。特に、順序立ててきちんと招待したい場合には、これらの説明を基本表現の前に置くと良いでしょう。

　この「招待するイベントの説明」では、時制に関する表現をぜひマスターしておいてください。1) と 2) では現在進行形 (= present progressive) の *be + having* が使われています。この「現在進行形」は、「確定的かつ個人的な未来・予定」を表してます。これに対し、もう一つの未来表現の *will* は、一人称の場合は主に主語の意志をあらわす「意志未来（私は〜するつもりだ）」で用いられる傾向が強いので、「〜を開くつもりです」というニュアンスになり、本当に確定しているかどうかが不明になってしまいます。それゆえ、「確定的かつ個人的な未来の予定」について話す場合は「現在進行形」を使うのが普通です。実際に私のコーパスデータの中では、このストラテジーで未来を表す will の使用例はありません。

　3) と 4) では現在時制 (= present tense) が使用されています。現在時制にも、上に述べたような「確定的な予定」を表す用法があります。「未来」というとすぐに *will* を使いたくなりますが、今後「招待するイベントの説明」をする際には、「人が主語」の場合には「現在進行形」を、「イベントが主語」の場合には「現在時制」を使用するよう心がけていきましょう。

Inviting（招待）　レクチャー編

Stage 3（様々なストラテジーと組み合わせ方を学びましょう）
[Advanced level]
　(A) 〜色々なストラテジー〜

　次の段階として、様々なストラテジーを組み合わせて自由自在にこのスピーチアクトを使用できるようにしていきましょう。以下のリストが「招待」の主要ストラテジーの一覧です。このスピーチアクトでは、前の章の「依頼」とは異なり、「基本表現」のバリエーション以外のサブ・ストラテジーのバリエーションが多数出現しています。

Strategy	Freq.	%
1. Supportive move (description of event) 招待するイベントの説明	82	26.1%
2. Head act (interrogative) 基本表現（疑問文）	64	20.4%
3. Head act (hypothetical + interrogative) 基本表現（仮定形＋疑問文）	52	16.6%
4. Preparatory act (query on hearer's availability) 予備的手段（相手の都合の確認）	21	6.7%
5. Head act (hypothetical + declarative) 基本表現（仮定形＋平叙文）	18	5.7%
6. Supportive move (instructions) 支援的手段（指示、助言）	16	5.1%
7. Head act (declarative) 基本表現（平叙文）	14	4.5%

Inviting（招待）

8. Supportive move (encouragement)
   支援的手段（奨励）　　　　　　　　　　10　　　3.2%
9. Head act (present option)
   基本表現（選択付与）　　　　　　　　　8　　　2.5%

（5回以上使用されたものから実用的なものを抽出）

上記のリストの中で、[1]「招待するイベントの説明」（例：*I'm having a party tomorrow at my house.*)、[2]「基本表現（疑問文）」（例：*Do you want to come along?*)、[3]「基本表現（仮定形＋疑問文）」（例：*Would you like to come to my party on the 18th?*) については前述してあるので、それ以外のストラテジーを見ていきましょう。

まずは、[4]「予備的手段（相手の都合の確認）」です。

[4]「予備的手段（相手の都合の確認）」　　　　　　MP3 162

1) Are you busy tonight?　（今夜いそがしい？）
2) Are you doing anything tonight?　（今夜は何か用事ある？）
3) What are you doing tomorrow night?　（明日の晩、何してる？）
4) What are you doing next Friday?　（次の金曜、何してる？）

Are you doing anything tonight?

Inviting（招待）レクチャー編

　お誘いをする前に、相手の都合を確かめる必要があります。その場合によく使われるのが前記の2つのパターンです。1)では"No"、2)では"No, nothing"、3)と4)では"Nothing"という答えを期待しています。

　次は、[5]「基本表現（仮定形＋平叙文）」を見てみましょう。

[5]「基本表現（仮定形＋平叙文）」

1) I was wondering if you would like to go play some golf.
　　（あなたがゴルフでもしに行きたいと思うかなと考えていたのですが〔いかがですか〕。）

2) I was wondering if you would like to get together around noon and study for our math test.
　　（あなたが昼ごろに落ち合って数学のテストの勉強をしたいと思うかなと考えていたのですが〔いかがですか〕。）

3) I was wondering if you would like to come to my birthday dinner at this fancy restaurant.
　　（あなたがこの素敵なレストランでの私の誕生日ディナーに来たいと思うかなと考えていたのですが〔いかがですか〕。）

4) I would love it if you all could come to my birthday party!
　　（あなた方全員が私の誕生パーティーに来てくれたら素晴らしいことでしょう。）

I was wondering if you would like to go play some golf.

Inviting（招待）

　このストラテジーで特徴的なのは、*I was wondering if you would like to* というフレーズです。前章の「依頼」でも、*I was wondering if you could* という表現が出てきました。遠慮がちにお誘いする、出席を依頼する、という感じの表現です。TPO に応じてこのような表現も使えるようにしておきたいところです。

　今度は、[6]「支援的手段（指示、助言）」を見ていきましょう。

[6]「支援的手段（指示、助言）」

MP3 164

1) So bring whatever you like.

　　（だから、持ってきたいものは何でも持ってきなよ。）

2) Call when you get here.

　　（ここについたら電話して。）

3) Be at my house at eight o'clock.

　　（8時に私の家に来てよ。）

4) People are showing up at around eight.

　　（みんなは8時ごろにやってくるよ。）

5) I'll meet up with you at about eight p.m.

　　（8時ごろに私と落ち合いましょう。）

6) You can bring a friend if you want.

　　（もし連れてきたかったら、友達を連れてきてもいいよ。）

So bring whatever you like.

Inviting（招待） レクチャー編

　招待が成功したら、次は、そのイベントで何ができるか、いつ行けばいいか、何をすることが求められているか、などの情報を相手に与える必要があります。上の例で特徴的なのは、Command（命令形）の使用です。これは何も相手に命令を与えているわけではなく、「こうすると良いですよ」という指示・助言を一番簡潔で分かりやすい形で提示していて、Give instructions（指示の提供）というスピーチアクトでは、一番よく使われる構文です。前章の「依頼」では、Command は『「相手の意思の尊重」が欠けている』と述べましたが、指示を与えたり、どこかへの行き方を教える場合は、「簡潔」で「明瞭」な言い方が一番良いのです。これを Request の基本表現のように疑問文で言ったりすると、かえって相手が迷惑する訳で、このような時には遠慮なく Command を使用してください。

それにしても、上記の例ではすべてパーティーの集合時間が8時になっているのは興味深い点です。日本だと平均的には7時頃だと思うので、少し遅めですね。

　次は、[7]「基本表現（平叙文）」です。

[7]「基本表現（平叙文）」　　　　　　　　　MP3 165

1) You can come with me to the game tonight.
　　（今夜の試合、私と一緒に行けますよ。）

2) You can sit with us if you want to.
　　（お望みなら、私たちのテーブルに来られますよ。）

3) You should come with me to the party tonight!
　　（今夜のパーティー、私と一緒に来るべきです。）

　このストラテジーは、[Basic level] でご紹介した、modal auxiliary（法助動詞）を使った平叙文が基本です。「相手のために誘っ

Inviting（招待）

ている」場合（You can）や、「強く勧めたい」場合（You should）にはこちらを使いましょう。

[8]「支援的手段（奨励）」はどのようなものでしょうか。見ていきましょう。

[8]「支援的手段（奨励）」

1) It'll be fun.
　　（楽しいよ。）
2) It will be a lot of fun!
　　（とっても楽しいよ！）
3) There will be music, cake, and fun.
　　（音楽もお菓子もあって楽しいよ。）
4) This party is wild.
　　（このパーティー、興奮するよ。）

It will be a lot of fun!

相手に招待を受けさせる気にさせるには、「行けば楽しいんだ」と思わせることも必要です。そんな時にすぐ使える表現として、上の1)と2)あたりを覚えておくと便利です。キーワードは *fun* (= *amusing*) です。

Inviting（招待） レクチャー編

　最後に、[9]「基本表現（選択付与）」です。これは少し不思議な気もするストラテジーです。

[9] Head act (present option)「基本表現（選択付与）」

Nicki's birthday party is Saturday at 1:00 p.m., <u>**if you want to come.**</u>

　　（もしあなたが来たいならば、ニッキの誕生パーティーが土曜日の午後1時にあります。）

　この if 節は、いくつかのスピーチアクトで「相手に選択を与える」目的で使用例が見られます。実質的に疑問文の役割を果たしていると考えられます。それゆえ、上記の例は、"Nicki's birthday party is Saturday at 1:00 p.m. ***Would you like to come?***" と同じことを言っています。もしもアメリカ人の友人が "I'm having a party, ***if you want to come.***" と言って来たら、文字通りの意味の「あなたが来たいのならば私はパーティーを開きます」＝「パーティーの開催は私の意思にかかっている」わけではなく、「パーティーを開くから来ない？」と誘われているのだと理解してください。

Inviting（招待）

(B) 〜色々な場面でのストラテジーの組み合わせ〜

さあ、Inviting の学習も大詰めに差し掛かって来ました。今までご紹介したストラテジーの数々は、どのような場面で、どのような組み合わせで使われるのでしょうか。次はこのテーマを追って行きしょう。

使用された場面（5回以上出てきたもの）

1. Party
   パーティーに招待・勧誘する場面　　　57
2. Meal
   食事に招待・勧誘する場面　　　21
3. Event
   イベントに招待・勧誘する場面　　　11
4. House
   家に招待する場面　　　10
5. Movie
   映画に誘う場面　　　10
6. Going out
   外出を誘う場面　　　9
7. Sport
   スポーツに誘う場面　　　6

やはり圧倒的に多いのは、「パーティー」ですね。ホームパーティー、誕生パーティー、BBQパーティーなど、アメリカでは楽しい集まりが多く開かれますので、自分が招待される、または招待する時に備えて、Invite の各種ストラテジーをマスターしておきましょう。

Inviting（招待） レクチャー編

では、実際の場面と会話ストラテジーの組み合わせをいくつかご紹介します。

1. 基本表現（疑問文）＋ 招待するイベントの説明　MP3 168

Situation（場面） / Utterances（発言） / Strategy（ストラテジー）

Having a party.
（友人をパーティーに招待する場面）

Hey, I'm having a party tonight.
（ねえ、今夜パーティーをやるんだ。）
→ 招待するイベントの説明

Do you want to come?
（来たいかい？）
→ 基本表現（疑問文）

頻出の基本表現の *Do you want to …?* に「招待するイベントの説明」を組み合わせた例です。

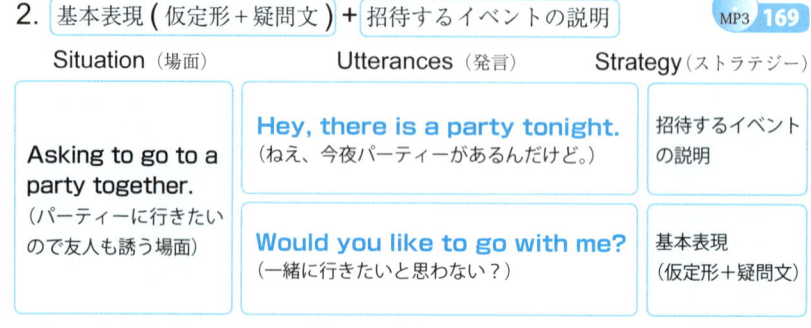

2. 基本表現（仮定形＋疑問文）＋ 招待するイベントの説明　MP3 169

Situation（場面） / Utterances（発言） / Strategy（ストラテジー）

Asking to go to a party together.
（パーティーに行きたいので友人も誘う場面）

Hey, there is a party tonight.
（ねえ、今夜パーティーがあるんだけど。）
→ 招待するイベントの説明

Would you like to go with me?
（一緒に行きたいと思わない？）
→ 基本表現（仮定形＋疑問文）

こちらも基本表現の *Would you like to …?* に「招待するイベントの説明」を組み合わせた例となっています。

Inviting（招待）

3. 予備的手段（相手の都合の確認）＋基本表現（仮定形＋疑問文） MP3 170

Situation（場面）	Utterances（発言）	Strategy（ストラテジー）
Asking a friend over to a party. I ask Robin to come over for a party at my house. （自宅で開くパーティーに友人を誘う場面）	Robin, what are you doing tonight? （ロビン、今夜は何をする予定？）	予備的手段 （相手の都合の確認）
	Would you like to come over to my house for a party tonight? （今夜私の家で開くパーティーに来たいと思わない？）	基本表現 （仮定形＋疑問文）

この例では、実際に招待をする前に、相手の都合を尋ねています。

(C) 会話の中での Inviting

次は、会話の中でどのような場面でどのように Inviting が用いられるか、またどのように受け答えがなされるかを、「スピーチアクト・コーパス」のデータからご紹介します。

1. パーティーに招待・勧誘する場面

1-a「パーティーに招待・勧誘する場面1」 MP3 171

I: Kristi, I'm having a party tomorrow at my house. Do you want to come?

Kristi: Sure. What time?

I: Around seven o'clock.

私：クリスティ、明日私の家でパーティーを開くの。来たい？
クリスティー：もちろん。何時から？
私：7時ぐらいから。

Inviting（招待） レクチャー編

　招待を受け入れる場合は、「依頼」と同じように Sure（もちろん）が良く使用されます。「招待」の方は、基本表現の *Do you want to …?* に「招待するイベントの説明」を組み合わせる、頻出のパターンが使用されています。

1-b「パーティーに招待・勧誘する場面2」　MP3 172

I: Ed, I am having a party at my house. Would you like to come?

Ed: I would love to come. Thanks!

私：　エド（エドワード）、僕のところでパーティーを開くんだ。来たいかい？

エド：ぜひ行きたいよ。ありがとう！

　この例での招待を受け入れる表現は、*I would love to (come).* です。こちらも良く使われる表現で、上記の Sure と組み合わせられる場合も良く出てきます。

1-c「パーティーに招待・勧誘する場面3」　MP3 173

I: I am having a party at my home this Friday. Would you like to come?

Friend: Yes. That would be fun. Can I bring a friend?

I: Yes you can. I'll see you at 7:00 on Friday night then.

私：　今度の金曜日に僕のところでパーティーを開くんだ。来たいかい？

友人：ああ、行くよ。それは楽しいだろうね。友達を連れて行ってもいいかい？

私：　ああいいよ。それじゃ、金曜日の夜7時に会おう。

Inviting（招待）

　この例では、*Sure* や *I'd love to* ではなく単純に *Yes* を使って招待を受け入れています。その後に *That would be fun*（それは楽しいだろうね）が続いていますが、これも招待を受け入れる時に使える表現として覚えておきましょう。その次に「友達を連れて行ってもいいかい？」と聞いていますが、この場合の *Can I ...?* は Request（依頼）ではなく、可能かどうかを尋ねるために使用されています。

2. 食事に招待・勧誘する場面

<u>2-a「食事に招待・勧誘する場面1」</u>　　　　　MP3 174

I: Wendy, would you like to come to dinner with me?
Wendy: Sure, sounds fun.
I: See you at seven then.

私：　ウェンディ、一緒に夕食に行かない？
ウェンディ：　もちろん。楽しそう。
私：　じゃあ7時に落ち合いましょう。

　Wendy の *Sounds fun/great/nice* もよく聞かれる表現です。これも *Sure* や *I'd love to* と組み合わされる場合が多く見受けられます。

<u>2-b「食事に招待・勧誘する場面2」</u>　　　　　MP3 175

I: Hey, Alicia and I are going out to lunch today. You want to come with us?
Friend: Oh ... I would, but I have to work. Sorry!
I: That's okay. Maybe another time.
Friend: Okay, well, thanks for the invite!
I: No problem.

Inviting（招待） レクチャー編

私： ねえ、私とアリシア、今日お昼に出かけるの。一緒に行きたい？
友人： うーん、行きたいけど、でもやることがあるの。ごめんなさい！
私： いいわよ。じゃあ次の機会にね。
友人： オーケーよ。誘ってくれてありがとう。
私： どういたしまして。

まず招待の表現ですが、ここでは *You want to come with us?* と、Do がない表現ですが、最後を上げ調子 (= rising tone) で言えば疑問文として通じます。

ここでは、お誘いが拒絶されていますが、*I would (love to), but ...* という「断りマーカー」が」使用されています。その後で断りの理由（*I have to work*）と謝罪の表現（*Sorry*）を組み合わせて、丁寧な「お断り」に仕上げています。私たちも招待や勧誘を断らなければならない場合もありますので、この一連の流れはぜひ覚えておきたいところです。

その後では、「謝罪の受け入れ＋提案」→「提案の受け入れ＋勧誘への感謝」→「感謝の受け入れ」という流れになっていて、これも参考にしたい部分です。

"invite" という単語は、略式で名詞としても使用できます。

3. イベントに招待・勧誘する場面

3-a「ペアレンツ・ウィークエンドに招待する場面」　MP3 176

I: Hey, it's Parents Weekend this weekend. Do you want to come down?

Mom: Sure, but I can't get down there till Saturday.

I: That's fine. I'll call you about it later.

Inviting（招待）

私： ねえ、今週末は「ペアレンツ・ウィークエンド」よ。来たいでしょ？
お母さん： もちろん、でも、土曜日までそちらに行けないわ。
私： それで大丈夫よ。あとでこの件で電話しますね。

　この例の Sure, but ... の部分は、上の I would (love to), but ... と同じような「断りマーカー」の働きを持っていますが、この場合は「土曜日でも間に合うかしら」というためらいの気持ちを表していると理解できます。

3-b「アメフトの試合に招待する場面」

I: Sean, next Saturday is a football game. Would you like to come?
Sean: Wow! Sure! Thanks for inviting me to a football game.
私： ショーン、次の土曜日はフットボールの試合があるんだ。来ないかい？
ショーン： ああ、もちろん！フットボールの試合に招待してくれてありがとう。

　この例のように、招待されたら、受けるか断るかにかかわらず、「感謝」を述べたいものです。この一連の流れを覚えておきましょう。
ちなみに、アメリカではアメフトが football でサッカーは soccer ですが、イギリスではサッカーが football で、soccer という言葉はあまり使われていません。

Inviting（招待） レクチャー編

(D) ～コロケーション（語句の組み合わせ）～

さて、最後にまたコーパス分析ツールのWordsmithを使って、このスピーチアクトのいくつかのキーワードの使われ方を見てみましょう。

まずは、*like* と *want* という、似たような意味を持つ2つの単語の使用法の比較分析です。

[LIKE]

| Would you
if you would | **LIKE** | to | come to
come over
come over to
go to | my … |

参考：Wordsmithによる言語使用パターン分析結果 (like)

N	L3	L2	L1	Centre	R1	R2	R3	R4
1		WOULD	YOU	LIKE	TO	COME	TO	MY
2	IF	YOU	WOULD			GO	OVER	TO

[WANT]

| Do you
if you | **WANT** | to | come to
go to |

参考：Wordsmithによる言語使用パターン分析結果 (want)

N	L2	L1	Centre	R1	R2	R3
1	DO	YOU	WANT	TO	COME	TO
2	IF				GO	

Inviting (招待)

　これらの分析結果から、この「招待」のスピーチアクトにおいて、「*like* は疑問文ではほぼ必ず *would* と一緒に使用される」、そして「*want* は疑問文ではほぼ必ず *do* と一緒に使用される」という事ができます。それぞれペアが決まっていて、「浮気」はないのだ、という事になろうかと思います。

　次に、このスピーチアクトで特有の頻出語の *having* の使われ方を見てみましょう。

[HAVING]

| I'm
I am | HAVING | a party | tonight |

参考：Wordsmith による言語使用パターン分析結果 (having)

N	L2	L1	Centre	R1	R2	R3
1	I	I'M	HAVING	A	PARTY	TONIGHT
2		AM				

　見事に、*I'm/I am having a party tonight* という決まり文句がパターンとして出てきています。このように、言語コーパスデータは、語句の使用パターンを明らかにしてくれます。スピーチアクトごとに分析することによって、それぞれに特有の主要表現が浮かび上がってくるのです。

Inviting（招待）　トレーニング編

「レクチャー編」の学習、ご苦労様でした。さあ、ここまで学んだ表現を、この「トレーニング編」で実際に使えるようにしていきましょう。目指せ、「英語スピーチアクトの達人」！

Stage 1（基本表現をマスターしましょう）

[A] CDと一緒に発音してみましょう。

1) 基本表現1

   Do you want to … ?

2) 基本表現2

   Would you like to … ?

[B] CDと一緒に発音してみましょう。その後で、それぞれどのような意味か（答え）で確認しましょう。

[基本表現1]

1) Do you want to come along?
2) Do you want to go to the movies with us?
3) Do you want to go down to the Billiard Center with us?
4) Do you want to come up to my room and watch a movie?

（答え）

1) 一緒に来たい？
2) 私たちと一緒に映画に行きたい？
3) 私たちと一緒にビリヤードセンターに行きたい？
4) 私の部屋に来て映画を見たい？

Inviting (招待)

[基本表現２] MP3 180

1) Would you like to join us for lunch?
2) Would you like to come to my party on the 18th?
3) Would you like to come watch a movie tonight?
4) Would you like to go fishing later?

(答え)

1) お昼、私たちと一緒にどうですか？
2) 18日の私の所のパーティー、来たいですか？
3) 今夜私の所に来て映画を見たいですか？
4) 後で釣りに行きたいですか？

Stage 2（基本表現＋基本ストラテジーをマスターしましょう）

[A] CDと一緒に発音してみましょう。 MP3 181

◇ 招待するイベントの説明

1) I'm having a party tomorrow at my house.
2) Bob is having a party at his place.
3) Nicki's birthday party is Saturday at 1:00 p.m.
4) My graduation is this Saturday at three o'clock.

[B] 日本語の意味に対応するように、英語で言ってみましょう。その後でCDを聞きながら繰り返しましょう。

◇ 招待するイベントの説明

1) ボブが自分の家でパーティーを開くんだ。
2) 私の卒業式が今週土曜日の3時からあります。
3) 明日、私の家でパーティーを開きます。
4) ニッキの誕生パーティーが土曜日の午後1時にあります。

Inviting（招待） トレーニング編

（答え）

1) Bob is having a party at his place.
2) My graduation is this Saturday at three o'clock.
3) I'm having a party tomorrow at my house.
4) Nicki's birthday party is Saturday at 1:00 p.m.

Stage 3（様々なストラテジーと組み合わせ方をマスターしましょう）

(A) ～色々なストラテジー～

1．「予備的手段（相手の都合の確認）」

[A] CDと一緒に発音してみましょう。

1) Are you busy tonight?
2) Are you doing anything tonight?
3) What are you doing tomorrow night?
4) What are you doing next Friday?

[B] 日本語の意味に対応するように、英語で言ってみましょう。その後でCDを聞きながら繰り返しましょう。

1) 明日の晩、何してる？
2) 今夜いそがしい？
3) 今夜は何か用事ある？
4) 次の金曜、何してる？

（答え）

1) What are you doing tomorrow night?
2) Are you busy tonight?
3) Are you doing anything tonight?
4) What are you doing next Friday?

Inviting（招待）

2.「基本表現（仮定形＋平叙文）」

[A] CD と一緒に発音してみましょう。　MP3 185

1) I was wondering if you would like to go play some golf.
2) I was wondering if you would like to get together around noon and study for our math test.
3) I was wondering if you would like to come to my birthday dinner at this fancy restaurant.
4) I would love it if you all could come to my birthday party!

[B] 日本語の意味に対応するように、英語で言ってみましょう。その後で CD を聞きながら繰り返しましょう。

1) あなたがこの素敵なレストランでの私の誕生日ディナーに来たいと思うかなと考えていたのですが (いかがですか)。
   (Hint: wondering を使って)

2) あなたが昼ごろに落ち合って数学のテストの勉強をしたいと思うかなと考えていたのですが (いかがですか)。
   (Hint: wondering を使って)

3) あなた方全員が私の誕生パーティーに来てくれたら素晴らしいことでしょう。
   (Hint: I would を使って)

4) あなたがゴルフでもしに行きたいと思うかなと考えていたのですが (いかがですか)。
   (Hint: wondering を使って)

161

Inviting (招待) トレーニング編

(答え)

1) I was wondering if you would like to come to my birthday dinner at this fancy restaurant.
2) I was wondering if you would like to get together around noon and study for our math test.
3) I would love it if you all could come to my birthday party!
4) I was wondering if you would like to go play some golf.

3.「支援的手段（指示、助言）」

[A] CDと一緒に発音してみましょう。

1) So bring whatever you like.
2) Call when you get here.
3) Be at my house at eight o'clock.
4) People are showing up at around eight.
5) I'll meet up with you at about eight p.m.
6) You can bring a friend if you want.

[B] 日本語の意味に対応するように、英語で言ってみましょう。その後でCDを聞きながら繰り返しましょう。

1) 8時に私の家に来てよ。
2) ここについたら電話して。
3) だから、持ってきたいものは何でも持ってきなよ。
4) もし連れてきたかったら、友達を連れてきてもいいよ。
5) 8時ごろに私と落ち合いましょう。
6) みんなは8時ごろにやってくるよ。

Inviting（招待）

（答え）

1) Be at my house at eight o'clock.
2) Call when you get here.
3) So bring whatever you like.
4) You can bring a friend if you want.
5) I'll meet up with you at about eight p.m.
6) People are showing up at around eight.

4.「基本表現（平叙文）」

[A] CDと一緒に発音してみましょう。

1) You can come with me to the game tonight.
2) You can sit with us if you want to.
3) You should come with me to the party tonight!

[B] 日本語の意味に対応するように、英語で言ってみましょう。その後でCDを聞きながら繰り返しましょう。

1) お望みなら、私たちのテーブルに来られますよ。
2) 今夜の試合、私と一緒に行けますよ。
3) 今夜のパーティー、私と一緒に来るべきです。

（答え）

1) You can sit with us if you want to.
2) You can come with me to the game tonight.
3) You should come with me to the party tonight!

Inviting（招待） トレーニング編

5.「支援的手段（奨励）」

[A] CD と一緒に発音してみましょう。

1) It'll be fun.
2) It will be a lot of fun!
3) There will be music, cake, and fun.
4) This party is wild.

[B] 日本語の意味に対応するように、英語で言ってみましょう。その後で CD を聞きながら繰り返しましょう。

1) このパーティー、興奮するよ。
2) 音楽もお菓子もあって楽しいよ。
3) とっても楽しいよ！
4) 楽しいよ。

（答え）

1) This party is wild.
2) There will be music, cake, and fun.
3) It will be a lot of fun!
4) It'll be fun.

Inviting（招待）

(B) ～色々な場面でのストラテジーの組み合わせ～

※今度は、Utterances（発言）の日本語の部分を英語で言ってみてください。その後でCDを聞き答えを確認すると共に、後に続いて繰り返して練習してください。

1. 基本表現(疑問文) + 招待するイベントの説明

Situation（場面）	Utterances（発言）	Strategy（ストラテジー）
友人をパーティーに招待する場面	(A) ねえ、今夜パーティーをやるんだ。	招待するイベントの説明
	(B) 来たいかい？	基本表現（疑問文）

（答え） MP3 193

(A) Hey, I'm having a party tonight.
(B) Do you want to come?

2. 基本表現(仮定形＋疑問文) + 招待するイベントの説明

Situation（場面）	Utterances（発言）	Strategy（ストラテジー）
パーティーに行きたいので友人も誘う場面	(A) ねえ、今夜パーティーがあるんだけど。	招待するイベントの説明
	(B) 一緒に行きたいと思わない？	基本表現（仮定形＋疑問文）

（答え） MP3 194

(A) Hey, there is a party tonight.
(B) Would you like to go with me?

Inviting（招待） トレーニング編

3. 予備的手段（相手の都合の確認） + 基本表現（仮定形＋疑問文）

Situation（場面）	Utterances（発言）	Strategy（ストラテジー）
自宅で開くパーティーに友人を誘う場面	(A) ロビン、今夜は何をする予定？	予備的手段 （相手の都合の確認）
	(B) 今夜私の家で開くパーティーに来たいと思わない？	基本表現 （仮定形＋疑問文）

（答え）

(A) Robin, what are you doing tonight?

(B) Would you like to come over to my house for a party tonight?

Inviting（招待）

(C) 会話の中での Inviting

※それでは、Inviting（招待）の仕上げに、会話でやり取りできる実力を磨きましょう。まず [1] は、I になって、ストラテジーを組み合わせて相手を招待してください。その次に [2] で相手の役になって、招待に対して受け答えをしてください。

1. パーティーに招待・勧誘する場面

1-a「パーティーに招待・勧誘する場面１」

私：　クリスティ、明日私の家でパーティーを開くの。来たい？
クリスティ：　もちろん。何時から？
私：　７時ぐらいから。

〔1〕MP3 196　〔2〕MP3 197

I:　Kristi, I'm having a party tomorrow at my house. Do you want to come?
Kristi:　Sure. What time?
I:　Around seven o'clock.

1-b「パーティーに招待・勧誘する場面２」

私：　エド（エドワード）、僕のところでパーティーを開くんだ。来たいかい？
エド：　ぜひ行きたいよ。ありがとう！

〔1〕MP3 198　〔2〕MP3 199

I:　Ed, I am having a party at my house. Would you like to come?
Ed:　I would love to come. Thanks!

Inviting（招待）トレーニング編

1-c「パーティーに招待・勧誘する場面3」

私： 今度の金曜日に僕のところでパーティーを開くんだ。来たいかい？

友人： ああ、行くよ。それは楽しいだろうね。友達を連れて行ってもいいかい？

私： ああいいよ。それじゃ、金曜日の夜7時に会おう。

〔1〕 MP3 200 〔2〕 MP3 201

I: I am having a party at my home this Friday. Would you like to come?

Friend: Yes. That would be fun. Can I bring a friend?

I: Yes you can. I'll see you at 7:00 on Friday night then.

2. 食事に招待・勧誘する場面

2-a「食事に招待・勧誘する場面1」

私： ウェンディ、一緒に夕食に行かない？

ウェンディ： もちろん。楽しそう。

私： じゃあ7時に落ち合いましょう。

〔1〕 MP3 202 〔2〕 MP3 203

I: Wendy, would you like to come to dinner with me?

Wendy: Sure, sounds fun.

I: See you at seven then.

Inviting（招待）

<u>2-b「食事に招待・勧誘する場面２」</u>
私： ねえ、私とアリシア、今日お昼に出かけるの。一緒に行きたい？
友人： うーん、行きたいけど、でもやることがあるの。ごめんなさい！
私： いいわよ。じゃあ次の機会にね。
友人： オーケーよ。誘ってくれてありがとう。
私： どういたしまして。

〔1〕 MP3 204　〔2〕 MP3 205

I: Hey, Alicia and I are going out to lunch today. You want to come with us?
Friend: Oh ... I would, but I have to work. Sorry!
I: That's okay. Maybe another time.
Friend: Okay, well, thanks for the invite!
I: No problem.

3. イベントに招待・勧誘する場面
<u>3-a「ペアレンツ・ウィークエンドに招待する場面」</u>
私： ねえ、今週末は「ペアレンツ・ウィークエンド」よ。来たいでしょ？
母： もちろん、でも、土曜日までそちらに行けないわ。
私： それで大丈夫よ。あとでこの件で電話しますね。

〔1〕 MP3 206　〔2〕 MP3 207

I: Hey, it's Parents Weekend this weekend. Do you want to come down?
Mom: Sure, but I can't get down there till Saturday.
I: That's fine. I'll call you about it later.

Inviting（招待）トレーニング編

3-b「アメフトの試合に招待する場面」

私： ショーン、次の土曜日はフットボールの試合があるんだ。来ないかい？

ショーン： ああ、もちろん！フットボールの試合に招待してくれてありがとう。

〔1〕 MP3 208　〔2〕 MP3 209

I: Sean, next Saturday is a football game. Would you like to come?

Sean: Wow! sure! Thanks for inviting me to a football game.

「思い出の inviting」

"Professor Leech's Old Manor House in Kirkby Lonsdale"

　最後の「コラム」は私の恩師、ジェフリー・リーチ先生 (Professor Geoffrey Leech) の話で締めたいと思います。

　私が英国での留学先をランカスター大学に決めたのも、リーチ先生がいらっしゃるということが大きく影響しました。何しろ私が大学生の時に「英文法」の授業で使用した教科書（共著）はリーチ先生が書かれたものでしたし、その名前は言語学や英語教育にかかわるものにとっては当然知っている"Big name"（大物）です。そのような方がいらっしゃる、また、言語学の最先端の分野の一つである「コーパス言語学」で、ランカスター大学のみならず全英で主導的な役割を担って活躍されているということで、ここで学びたいという気持ちを強く持ちました。

　私が留学を開始した 1999 年には授業を担当されていらっしゃいませんでしたが、学内ではその立派なお姿を何度か拝見していました。学科のイベントでご一緒した際に思い切ってお話ししてみると、"Oh, you're from Japan. You can come to my office to have a chat."「日本から来たのか、ぜひ今度私の研究室に話をしに来なさい」とおっしゃって下さり、実際に研究室に伺うととても親切に研究テーマなどについて話を聞いて下さりました。リーチ先生のそれまでの輝かしい業績を考えると、とても厳格な方ではないかとも思っていたのですが、とても優しく気さくな方で、また日本贔屓の方で、そのお人柄に強く感銘を受けました。

リーチ先生の門下生となってからは度々ご自宅にお招きいただき、Kirkby Lonsdale というイングランド北部の景勝地の"Old Manor House"（古い領主館）を何度か訪問させていただきました。Kirkby Lonsdale は 19 世紀の英国の文化人である John Ruskin が"One of the loveliest views in England"と称えた場所で、英国の著名な画家である J. M. W. Turner がその風景を絵画に描いています*。そのような景勝地にある古い領主館の庭園は River Lune と対岸の丘陵地帯を臨み、その光景自体がパノラマ写真のようです。

リーチ先生のご自宅の Old Manor House

　また、奥様は骨董品収集がご趣味ということで、家全体にアンティークの家具が溢れ、"The Museum of Antiques"といっても過言ではない素晴らしい邸宅です。(実際、BBC のドラマのロケでリーチ先生のご自宅が使用されたそうです。) そのような英国の伝統的かつ荘厳な邸宅にご招待いただき、お邪魔するのがいつも楽しみでした。

Old Manor House のガーデンと River Lune の対岸の丘陵地帯の風景

---

* "Kirkby Lonsdale." From Wikipedia, the free encyclopedia: http://en.wikipedia.org/wiki/Kirkby_Lonsdale （Accessed 2012/7/8）

私がこの本に著したことは、私のランカスター留学中に研究したことが基礎になっています。リーチ先生の下で語用論(Pragmatics)を学び、スピーチアクトとポライトネスを研究し、また言語コーパスの重要性を理解したことが、帰国してからの研究プロジェクトにつながりました。その研究成果の一部をまとめた本書が、皆さんが英語でコミュニケーション活動を行う際のお役に立つことを心から願っています。

BBCドラマの撮影も行われたDrawing Room

リーチ先生と奥様（書斎でのAfternoon Teaにて）

総合トレーニング

　さあ、総仕上げとして、本書でご紹介した4つの英語スピーチアクトを総合的に使いこなせるようにしましょう。総合トレーニングはリスニングとスピーキングの2つのセクションで構成されています。

1-a（リスニング）センテンス・レベル

MP3 210

Listen to the sentences. Which speech act is being performed in each?
CDの文を聞いてください。どのスピーチアクトが行われているでしょうか。

(1) Would you mind lending me some money for lunch?

　　a) Apologizing　b) Inviting　c) Requesting　d) Thanking

(Answer: c)

(2) I would probably have gotten them all wrong if you hadn't helped me.

　　a) Apologizing　b) Inviting　c) Requesting　d) Thanking

(Answer: d)

(3) You should come with me to the party tonight!

　　a) Apologizing　b) Inviting　c) Requesting　d) Thanking

(Answer: b)

(4) I'm really sorry for bumping into you.

    a) Apologizing   b) Inviting   c) Requesting   d) Thanking

    (Answer: a)

(5) I couldn't have completed it without you.

    a) Apologizing   b) Inviting   c) Requesting   d) Thanking

    (Answer: d)

(6) Will you play that new country song for me?

    a) Apologizing   b) Inviting   c) Requesting   d) Thanking

    (Answer: c)

(7) I would love it if you all could come to my birthday party!

    a) Apologizing   b) Inviting   c) Requesting   d) Thanking

    (Answer: b)

(8) You really didn't have to pay for everything.

    a) Apologizing   b) Inviting   c) Requesting   d) Thanking

    (Answer: d)

(9) I was wondering if you would like to go play some golf.

    a) Apologizing   b) Inviting   c) Requesting   d) Thanking

(Answer: b)

(10) I'll be on time for the next class, I promise.

    a) Apologizing   b) Inviting   c) Requesting   d) Thanking

(Answer: a)

(11) I was wondering if I could borrow your notes from English.

    a) Apologizing   b) Inviting   c) Requesting   d) Thanking

(Answer: c)

(12) I didn't mean to run into you.

    a) Apologizing   b) Inviting   c) Requesting   d) Thanking

(Answer: a)

(13) Is it all right if I go out tonight?

    a) Apologizing   b) Inviting   c) Requesting   d) Thanking

(Answer: c)

(14) I will help you when you have a problem.

    a) Apologizing   b) Inviting   c) Requesting   d) Thanking

    (Answer: d)

(15) I should have called to let you know I would be late.

    a) Apologizing   b) Inviting   c) Requesting   d) Thanking

    (Answer: a)

(16) I'm having a party tomorrow at my house.

    a) Apologizing   b) Inviting   c) Requesting   d) Thanking

    (Answer: b)

(17) Let me make it up to you with dinner later.

    a) Apologizing   b) Inviting   c) Requesting   d) Thanking

    (Answer: a)

(18) Can you turn the light off so I can go to bed, please?

    a) Apologizing   b) Inviting   c) Requesting   d) Thanking

    (Answer: c)

(19) Without that extra time, I don't know what I would have done.

    a) Apologizing   b) Inviting   c) Requesting   d) Thanking

    (Answer: d)

(20) Do you want to come up to my room and watch a movie?

    a) Apologizing   b) Inviting   c) Requesting   d) Thanking

    (Answer: b)

1-b（スピーキング）センテンス・レベル

Say these in English. Check your answers by listening to the CD. Then repeat the correct answers along with the CD.
英語で言ってみてください。その後で CD で答えを確認し、繰り返してください。

[Thanking 感謝]   MP3 211

(1) あなたがくれたすてきな贈り物、本当にありがとう。

(Answer: Thank you so much for the nice gift you gave me.)

(2) それをする必要はなかったのに。

(Answer: You didn't have to do that.)

(3) 次回は私が乗せていってあげます。

(Answer: Next time, I can give you a ride.)

[Apologizing 謝罪]   MP3 212

(4) そんなつもりではなかったのですが。

(Answer: I didn't mean it.)

(5) 損害に対して支払います。

(Answer: I'll pay for the damage.)

(6) 二度とそんなことが起きないようにします。

(Answer: I won't let it happen again.)

(7) この償いをすることを約束します。

(Answer: I promise I will make this up to you.)

(8) もっと注意しているべきでした。

(Answer: I should've been paying more attention.)

[Requesting 依頼]

(9) 学校まで車に乗せていってくれませんか？（ヒント：can を使って）

(Answer: Can you give me a ride to school?)

(10) 今夜友人たちと外出してもいいですか？（ヒント：may を使って）

(Answer: May I go out with my friends tonight?)

(11) 無料サンプルをいただいてもよろしいでしょうか？
（ヒント：may を使って）

(Answer: May I have a free sample, please?)

(12) もう一度答えを繰り返していただけますか？
　　　　　　　　　　　　　（ヒント：could を使って）

(Answer: Could you please repeat the answer?)

(13) 手伝っていただいてもよろしいですか？
　　　　　　　　　　　　　（ヒント：would を使って）

(Answer: Would you mind helping me?)

[Inviting 招待]

(14) 次の金曜、何してる？

(Answer: What are you doing next Friday?)

(15) ボブが自分の家でパーティーを開くんだ。

(Answer: Bob is having a party at his place.)

(16) 一緒に来たい？

(Answer: Do you want to come along?)

(17) お昼、私たちと一緒にどうですか？

(Answer: Would you like to join us for lunch?)

(18) もし連れてきたかったら、友達を連れてきてもいいよ。

(Answer: You can bring a friend if you want.)

2-a （リスニング）ストラテジーコンビネーション・レベル　MP3 215

Listen to the sentences. Which speech act is being performed in each?
CDの発話を聞いてください。どのスピーチアクトが行われているでしょうか。

(1) Hey Julie, I don't understand my math homework! Would you mind helping me?

　　a) Apologizing　　b) Inviting　　c) Requesting　　d) Thanking

(Answer: c)

(2) Grandpa and Grandma, thanks so much for the graduation money. It was the nicest gift I have ever received.

　　a) Apologizing　　b) Inviting　　c) Requesting　　d) Thanking

(Answer: d)

(3) Hey, there is a party tonight. Would you like to go with me?

　　a) Apologizing　　b) Inviting　　c) Requesting　　d) Thanking

(Answer: b)

(4) Oh no! I'm so sorry! I wasn't watching where I was going! Let me help you pick up your papers.

　　a) Apologizing　　b) Inviting　　c) Requesting　　d) Thanking

(Answer: a)

2-b （スピーキング）ストラテジーコンビネーション・レベル　MP3 216

Say these in English. Then check your answers and repeat the correct answers with the CD.
英語で言ってみてください。その後で CD で答えを確認し、繰り返してください。

(1) 携帯電話を貸してくれて、どうもありがとう。本当に感謝しています。（感謝）

(Answer: Thank you so much for letting me borrow your cell phone. I really appreciate it.)

(2) あら、ごめんなさい。あなたのつま先踏むつもりじゃなかったの。（謝罪）

(Answer: Oh, I'm sorry. I didn't mean to step on your toe.)

(3) ねえステファニー、私の車動かないの。送ってくれない？（依頼）

(Answer: Hey Stephanie, my car won't start. Can you give me a ride?)

(4) ねえ、今夜パーティーをやるんだ。来たいかい？（招待）

(Answer: Hey, I'm having a party tonight. Do you want to come?)

(5) どうもありがとう、おかあさん。1時間で返すからね。（感謝）

(Answer: Thank you so much, Mom! I'll have it back in an hour!)

(6) 昨日の夜電話をし忘れて本当にごめん。課題をやってたんだよ。
（謝罪）

    (Answer: I am so sorry I forgot to call you last night. I was doing my homework.)

(7) グレッグ、窓を開けてもらってもいいかな？ここ、とても暑くなっていてね。（依頼）

    (Answer: Greg, could you please open the window? It's getting quite warm in here.)

(8) ロビン、今夜は何をする予定？今夜私の家で開くパーティーに来たいと思わない？（招待）

    (Answer: Robin, what are you doing tonight? Would you like to come over to my house for a party tonight?)

3（リスニング）会話レベル

Listen to the conversations and answer questions.
CDの会話を聞き、質問に答えてください。

(1) 　　　　　　　　　　　　　　　　　　　　　MP3 217

I: _____

T: _____

I: _____

Q1) Which speech act is being performed?

　　　a) Apologizing　b) Inviting　c) Requesting　d) Thanking

(Answer: a)

Q2) What are they talking about?

　　　a) an accident　b) injury　c) lateness　d) misunderstanding

(Answer: c)

Script

I: Sorry I'm late, sir.

T: That's all right this time, but don't let it happen again.

I: I won't, I promise.

(2)

I: _____

Prof.: _____

I: _____

MP3 218

Q1) Which speech act is being performed?

   a) Apologizing   b) Inviting   c) Requesting   d) Thanking

(Answer: c)

Q2) What are they talking about?

   a) a car ride   b) a deadline   c) money   d) an appointment

(Answer: b)

Script

I: Professor Jackson, may I have a little more time to finish my paper?

Prof.: I'm sorry, but I will not accept any late assignments.

I: I see.

(3)

I: _____

Aunt: _____

Q1) Which speech act is being performed?

    a) Apologizing   b) Inviting   c) Requesting   d) Thanking

(Answer: d)

Q2) What are they talking about?

    a) a car ride   b) a gift   c) help   d) money

(Answer: a)

Script

I: Thank you for my birthday gift. I really appreciate it.
Aunt: You're welcome! I hope you enjoy it.

(4)

I: _____

B: _____

I: _____

B: _____

I: _____

Q1) Which speech act is being performed?

a) Apologizing   b) Inviting   c) Requesting   d) Thanking

(Answer: a)

Q2) What are they talking about?

a) an accident   b) injury   c) lateness   d) misunderstanding

(Answer: d)

Script

I: Matt, I'm sorry I yelled at you.

B: I forgive you, but I'm still upset.

I: I know. I had no right to jump to conclusions.

B: I really didn't do what you thought I did, and I'm hurt that you would think that.

I: I know that now. As I said, I'm sorry.

(5)

I: _____

Mom: _____

I: _____

MP3 221

Q1) Which speech act is being performed?

    a) Apologizing b) Inviting c) Requesting d) Thanking

(Answer: b)

Q2) What are they talking about?

    a) a party b) an event c) dinner d) lunch

(Answer: b)

Script

I: Hey, it's Parents Weekend this weekend. Do you want to come down?

Mom: Sure, but I can't get down there till Saturday.

I: That's fine. I'll call you about it later.

(6)

I: _____

Mo: _____

I: _____

Q1) Which speech act is being performed?

a) Apologizing b) Inviting c) Requesting d) Thanking

(Answer: c)

Q2) What are they talking about?

a) a car ride b) an assignment c) help d) money

(Answer: d)

Script

I: Mo, can I please borrow $20 to go out tonight?

Mo: Sure. When will you pay me back?

I: When I get back in town next week. Thanks.

(7)

I: _____

Aaron: _____

I: _____

MP3 223

Q1) Which speech act is being performed?

    a) Apologizing   b) Inviting   c) Requesting   d) Thanking

(Answer: d)

Q2) What are they talking about?

    a) a car ride   b) a gift   c) help   d) money

(Answer: d)

Script

I: Hey Aaron, thanks again for lending me the money.

Aaron: Don't worry about it. It's not a big deal.

I: Well, here it is. You're a real friend.

(8)   MP3 224

I: _____

Friend: _____

I: _____

Friend: _____

I: _____

Q1) Which speech act is being performed?

    a) Apologizing   b) Inviting   c) Requesting   d) Thanking

(Answer: b)

Q2) What are they talking about?

    a) a party   b) an event   c) dinner   d) lunch

(Answer: d)

Script

I: Hey, Alicia and I are going out to lunch today. You want to come with us?

Friend: Oh ... I would, but I have to work. Sorry!

I: That's okay. Maybe another time.

Friend: Okay, well, thanks for the invite!

I: No problem.

(9)

Friend: _____

I: _____

Friend: _____

MP3 225

Q1) Which speech act is being performed?

    a) Apologizing   b) Inviting   c) Requesting   d) Thanking

(Answer: d)

Q2) What are they talking about?

    a) a car ride   b) a gift   c) help   d) money

(Answer: a)

Script

Friend: Hey! How was your flight?

I: Pretty good. A little bumpy. Thanks for picking me up. I really appreciate it.

Friend: No problem.

(10)

I: _____

Friend: _____

I: _____

Q1) Which speech act is being performed?

    a) Apologizing b) Inviting c) Requesting d) Thanking

(Answer: b)

Q2) What are they talking about?

    a) a party b) an event c) dinner d) lunch

(Answer: a)

Script

I: I am having a party at my home this Friday. Would you like to come?

Friend: Yes. That would be fun. Can I bring a friend?

I: Yes you can. I'll see you at 7:00 on Friday night then.

(11)

I: _____

Mom: _____

I: _____

Mom: _____

Q1) Which speech act is being performed?

    a) Apologizing   b) Inviting   c) Requesting   d) Thanking

(Answer: a)

Q2) What are they talking about?

    a) a cup   b) a dish   c) a glass   d) a piece of cake

(Answer: b)

Script

I: Mom, I think I just broke your favorite dish.

Mom: You did what?

I: I broke your favorite dish. I'm really sorry.

Mom: That's ok. Just pick up all the pieces.

(12)   MP3 228

I: _____

Beth: _____

I: _____

Q1) Which speech act is being performed?

    a) Apologizing b) Inviting c) Requesting d) Thanking

(Answer: c)

Q2) What are they talking about?

    a) a bicycle b) a car c) a calculator d) money

(Answer: c)

Script

I: Hey, Beth, can I borrow your calculator? I can't do this math problem in my head.

Beth: Yeah, sure. Here you go.

I: Thank you.

著者紹介　鈴木 利彦（すずき　としひこ）

早稲田大学教育学部英語英文学科卒業後、英国ランカスター大学にて M.A.、Ph.D. を取得。小・中・高等学校英語教諭、上智大学一般外国語教育センター嘱託 講師などを歴任後、2008 年に早稲田大学商学学術院専任講師に就任し 2010 年より現職。専門は言語学（語用論）、英語教育。NHK ラジオ第二放送講師（「英語ものしり倶楽部」内、「おとなのための Grammar 講座」2009.7-9、2010.7-9（再放送）担当）。上智大学国際言語情報研究所客員研究員。現在までの主要著書は、A Pragmatic Approach to the Generation and Gender Gap in Japanese Politeness Strategies. (2007, Hituzi Syobo Publishing)。

著作権法上、無断複写・複製は禁じられています。

はじめての英語スピーチアクト

2012年9月19日　1刷

著　者——鈴木　利彦
　　　　　ⓒ 2012 by Toshihiko Suzuki
イラスト——Irene Fu
装　丁——銀月堂

発行者——南雲　一範
発行所——株式会社　南雲堂
　　　　　〒162-0801　東京都新宿区山吹町361
　　　　　電話: 03-3268-2384
　　　　　FAX: 03-3260-5425
　　　　　振替口座　00160-0-46863

Printed in Japan　〈検印省略〉
乱丁、落丁本はご面倒ですが小社通販係宛ご送付ください。
送料は小社負担にてお取替えいたします。

ISBN 978-4-523-26511-5　C0082　〈l-511〉
E-mail　nanundo@post.email.ne.jp
URL　http://www.nanun-do.co.jp/

音声で学ぶリーディングで得点力アップ！

TOEFL® Test iBT リーディング 実践編
TOEFL® Test iBT Reading: Practice for Success

Jim Knudsen／生井　健一

A5判　320ページ　定価（本体2200円＋税）　CD2枚付

TOEFL iBTのリーディング・セクションの効果的練習教材！
合わせてリスニングにも使えるCD音声を用意した。

特徴

- 比較・対照、因果関係など、北米大学での勉強の際に必ず読むことになる文章のパターンを研究し、様々な読解難易度のオリジナル・パッセージを多様な分野から用意した。
- 練習問題はマルティプル・チョイスはもちろん、iBTより始まった新しい形式の設問（情報を類別する、サマリーを完成する等）も備えている。
- iBTでは難しい単語はクリックして、その定義を参照できるようになっているが、本書でもGlossaryを用意して、必要に応じて活用できるようにした。

南雲堂
NAN'UN-DO

プロジェクトで学ぶ実践ビジネス英語

音声が無料でダウンロード出来ます！
http://business-cats.net

寺内　はじめ編著

ビジネス・キャッツ
Cats

A5判　208ページ　定価1890円（本体1800＋税）

会社を救え、太郎君！

日本とアメリカのビジネス舞台で大活躍。
人工太陽光線開発プロジェクトスタート！

プロジェクトの企画・立案、
プレゼンテーション、クレーム対応までの
あらゆるシーンを網羅。
シミュレーションしながら鍛える
実践型ビジネス英語の決定版！

南雲堂
NAN'UN-DO

英語脳の鍛え方
―英文を正しく読む18のツボ―

金子　光茂／リチャード H. シンプソン 著
A5判　272ページ　定価1680円（本体1600円＋税）

本書は、どうすれば間違うことなく英語が正しく読めるようになるのか、その技術と実践を示した書物である。

主内容
- 1章　この英文が正しく読めますか？　翻訳力テスト
- 2章　こまめな辞書引きは基礎の基礎
- 3章　彼、彼女、それ、それらはご法度
- 4章　形容詞は落とし穴だらけ
- 5章　時には必要、補充訳
- 6章　翻訳は原文どおりに頭から
- 7章　国語力への志は高く
- 8章　動詞はふくみも見落とさず
- 9章　名詞の誤訳は誤魔化し利かぬ
- 10章　助動詞をあまく見るな
- 11章　意外に乏しい英語力
  …
- 20章　全章のおさらいテスト
  など

誤訳ゼロへの挑戦

翻訳は昔も今も容易な仕事ではない。誤訳のない翻訳などない、と言っても過言ではない。本書は避けられない誤訳をどうしたら回避できるか、そこに焦点を当て、英語読解力向上を目指す人々のために編まれた指南書である。

南雲堂
NAN'UN-DO